Les conséquences économiques de la pollution de l'air extérieur

OCDE
DES POLITIQUES MEILLEURES POUR UNE VIE MEILLEURE

Cet ouvrage est publié sous la responsabilité du Secrétaire général de l'OCDE. Les opinions et les interprétations exprimées ne reflètent pas nécessairement les vues officielles des pays membres de l'OCDE.

Ce document et toute carte qu'il peut comprendre sont sans préjudice du statut de tout territoire, de la souveraineté s'exerçant sur ce dernier, du tracé des frontières et limites internationales, et du nom de tout territoire, ville ou région.

Merci de citer cet ouvrage comme suit :
OCDE (2016), *Les conséquences économiques de la pollution de l'air extérieur*, Éditions OCDE, Paris.
http://dx.doi.org/10.1787/9789264262294-fr

ISBN 978-92-64-26228-7 (imprimé)
ISBN 978-92-64-26229-4 (PDF)

Les données statistiques concernant Israël sont fournies par et sous la responsabilité des autorités israéliennes compétentes. L'utilisation de ces données par l'OCDE est sans préjudice du statut des hauteurs du Golan, de Jérusalem-Est et des colonies de peuplement israéliennes en Cisjordanie aux termes du droit international.

Les corrigenda des publications de l'OCDE sont disponibles sur : *www.oecd.org/about/publishing/corrigenda.htm*.

Préface

La pollution de l'air est à l'origine d'un nombre alarmant de décès prématurés et a de graves répercussions sur la santé humaine et sur l'environnement. Ce rapport a un éclairage nouveau sur les conséquences économiques de l'aggravation sensible des problèmes de pollution de l'air extérieur qui se produira si des politiques plus vigoureuses ne sont pas mises en œuvre. D'ici le milieu du siècle, si nous n'assainissons pas l'air, une personne mourra prématurément de causes liées à la pollution de l'air extérieur toutes les 5 secondes. Les coûts pour la collectivité associés à ce problème augmentent rapidement. Faute d'action urgente, les projections présentées dans ce rapport pourraient bien devenir une triste réalité.

Ce rapport présente la première évaluation approfondie des conséquences économiques de la pollution de l'air extérieur dans les prochaines décennies. Il décrit tout d'abord les perspectives mondiales à l'horizon 2060 des principaux impacts de l'augmentation de la pollution atmosphérique sur la santé humaine et l'agriculture : nombre de décès prématurés, cas de maladies et pertes de rendement agricole. Il utilise ensuite un cadre de modélisation détaillé, le modèle ENV-Linkages de l'OCDE, pour calculer les coûts économiques régionaux et globaux associés aux impacts qui peuvent être reliés aux marchés, comme l'évolution des dépenses de soins de santé, de la productivité du travail et de la production agricole. Enfin, des techniques d'évaluation sont employées pour mesurer les coûts en bien-être de la pollution de l'air extérieur par rapport aux coûts des décès prématurés et des douleurs et souffrances provoquées par les maladies. L'ensemble de ces éléments apporte un éclairage unique sur les coûts régionaux et globaux de l'inaction face à la pollution de l'air extérieur.

La dégradation de l'environnement et du capital naturel, si elle se poursuit, risque de compromettre les perspectives de croissance économique et le bien-être de l'humanité. Pour pouvoir mesurer les effets en retour de l'environnement sur la croissance économique, il faut que les outils de modélisation utilisés pour anticiper les profils d'évolution futurs de l'activité économique permettent de déterminer continuellement comment les différents impacts environnementaux se répercutent sur divers éléments du système économique. C'est là l'ambition du projet CIRCLE de l'OCDE. Les outils de modélisation ayant servi à l'établissement de ce rapport contribuent à cette ambition en quantifiant le cycle complet des liens d'interdépendance entre l'économie et la pollution de l'air. On peut ainsi aboutir à une évaluation quantitative beaucoup plus élaborée des conséquences économiques de la pollution de l'air extérieur.

Ce rapport cherche principalement à montrer comment la pollution de l'air extérieur peut devenir un problème mondial encore plus grave si les pouvoirs publics ne font rien pour y remédier. Pour la première fois, il associe des projections détaillées des conséquences biophysiques globales de l'inaction des pouvoirs publics jusqu'en 2060, et leurs graves conséquences pour les économies et le bien-être à travers le monde. D'importantes incertitudes demeurent dans l'évaluation des coûts en bien-être liés aux décès prématurés et aux maladies, mais il est certain que des millions de vies seront en danger et que la situation économique des pays empirera si les pouvoirs publics ne mettent pas en place des mesures plus ambitieuses. L'OCDE le reconnaît et presse les pays d'agir. Nous avons besoin de meilleures politiques de lutte contre la pollution de l'air pour vivre plus longtemps et en meilleure santé.

Angel Gurría
Secrétaire général, OCDE

Remerciements

Le présent rapport a été préparé par Elisa Lanzi et Rob Dellink de la Direction de l'Environnement de l'OCDE. Jean Chateau (OCDE) a participé à la construction du modèle ENV-Linkages. Mike Holland (EMRC) et Joe Spadaro (SERC) ont calculé les impacts sur la mortalité et la morbidité et les coûts correspondants en termes de bien-être et de soins de santé. Ils ont aussi apporté des contributions à la rédaction du texte. Rita Van Dingenen (CCR-CE) a fourni les calculs relatifs aux concentrations de polluants et aux impacts sur les rendements agricoles, ainsi que des contributions au texte. Des données d'entrée sur les coefficients d'émission des polluants atmosphériques ont été reçues de Zbigniew Klimont (IIASA).

Le Comité des politiques d'environnement de l'OCDE (EPOC) était chargé de superviser l'élaboration du rapport. En outre, le Groupe de travail sur l'intégration des politiques environnementales et économiques (GTIPEE) et les experts qui ont suivi le projet CIRCLE ont révisé les versions préliminaires.

Ce projet a été géré par Shardul Agrawala, qui a également fourni un retour d'informations sur la modélisation et sur les versions antérieures. Marie-Jeanne Gaffard a apporté un soutien administratif et technique, et François Chantret s'est chargé de l'assistance statistique et technique. La présente version a également bénéficié des commentaires relatifs aux versions antérieures formulés par Nils-Axel Braathen, Anthony Cox, Nathalie Delrue, Marion Devaux, Olivier Durand-Lasserve, Ivan Haščič, Ada Ignaciuk, Nick Johnstone, Alexander Mackie, Walid Oueslati, Franco Sassi, Richard Sigman, Ioannis Tikoudis, Simon Upton (tous de l'OCDE), ainsi que par Frank George (OMS), Alastair Hunt (Université de Bath), Tom Kram (PBL), Frederik Neuwahl et Bert Saveyn (CCR-CE), Ståle Navrud (Université norvégienne des sciences de la vie), Wei-Shiuen NG (FIT) et Colin Price (Université de Bangor).

Table des matières

Graphiques

Tableaux

Encadrés

Acronymes et abbréviations

ACA	Analyse coûts-avantages
ACE	Analyse coût-efficacité
AVCQ	Année de vie corrigée de la qualité
AVP	Année de vie perdue
CAA	Consentement à accepter
CAP	Consentement à payer
CCR-CE	Centre commun de recherche de la Commission européenne
CH_4	Méthane
CMM	Charge mondiale de morbidité
CN	Carbone noir
CO	Monoxyde de carbone
CO_2	Dioxyde de carbone
C_{org}	Carbone organique
COV	Composés organiques volatils
ECS	Élasticité constante de substitution
EGC	Équilibre général calculable
FASST	Fast Scenario Screening Tool
GAINS	Greenhouse Gas and Air Pollution Interactions and Synergies
GES	Gaz à effet de serre
GIEC	Groupe d'experts intergouvernemental sur l'évolution du climat
IIASA	Institut international pour l'analyse des systèmes appliqués
N_2O	Hémioxyde d'azote
NH_3	Ammoniac
NO_2	Dioxyde d'azote
NO_x	Oxydes d'azote
O_3	Ozone
OCDE	Organisation de coopération et de développement économiques
OMS	Organisation mondiale de la santé

ONU	Organisation des Nations Unies
PD	Préférence déclarée
PIB	Produit intérieur brut
PM	Particules fines
PPA	Parités de pouvoir d'achat
PR	Préférence révélée
RCP	Profil représentatif d'évolution de concentration
SO_2	Dioxyde de soufre
UE	Union européenne
USD	Dollar des États-Unis
VAV	Valeur d'une année de vie
VVS	Valeur d'une vie statistique

Résumé

La pollution de l'air est l'un des risques les plus graves liés à l'environnement, surtout dans les grandes villes et dans les zones très peuplées. Les travaux précédemment menés par l'Organisation mondiale de la santé (OMS) et d'autres ont fait état des conséquences alarmantes de la pollution de l'air extérieur et intérieur pour la santé humaine, et en particulier du grand nombre de décès prématurés induits par la pollution. Il n'existait toutefois aucune projection des conséquences économiques à l'échelle mondiale de la pollution atmosphérique future.

Le présent rapport propose une évaluation approfondie des répercussions économiques régionales et mondiales de la pollution de l'air extérieur au cours des prochaines décennies. Si la pollution de l'air tant extérieur qu'intérieur provoque actuellement de graves impacts sur la santé et de lourdes conséquences économiques, il est à prévoir que la croissance économique des décennies à venir entraînera plus particulièrement une détérioration de la qualité de l'air extérieur. C'est pourquoi le présent rapport est axé sur les conséquences économiques futures de la pollution de l'air *extérieur*.

Ce rapport s'attache aux répercussions de la pollution de l'air extérieur sur la mortalité et la morbidité (maladies) et aux modifications du rendement des cultures sous l'effet de fortes concentrations de particules ($PM_{2.5}$) et d'ozone troposphérique. D'autres impacts, comme ceux portant sur les services écosystémiques, les bâtiments ou la visibilité, de même que les effets directs du dioxyde d'azote (NO_2) sur la santé, n'ont pas été quantifiés faute de données fiables suffisantes à l'échelle mondiale. Les projections des conséquences de la pollution de l'air extérieur reflètent les impacts biophysiques et les coûts économiques futurs de la pollution de l'air en l'absence de mesures complémentaires. Ces projections chiffrent donc les coûts de l'inaction, référence par rapport à laquelle il est possible d'évaluer les avantages d'une intervention additionnelle des pouvoirs publics.

L'analyse concerne la période 2015-60 et présente les conséquences économiques prévues de la pollution de l'air extérieur pour différents types de coûts. Premièrement, les coûts marchands de la pollution de l'air extérieur, portant principalement sur la productivité du travail, les dépenses liées aux soins de santé et les modifications du rendement des cultures, sont évalués à l'aide d'un modèle d'équilibre général dynamique couvrant plusieurs régions et plusieurs secteurs. La démarche de modélisation adoptée fait le lien entre l'activité économique et les émissions de polluants atmosphériques, les concentrations, les impacts biophysiques et les effets de rétroaction de ces impacts sur l'économie. Deuxièmement, les impacts sur la santé non marchands de la pollution de l'air extérieur (mortalité et morbidité) sont évalués et monétisés. Ces impacts non marchands monétisés ne reflètent pas les coûts réels pour l'économie, mais sont obtenus à partir d'études évaluant directement le consentement à payer des individus pour réduire les risques sanitaires.

Inévitablement, les incertitudes entourant les projections économiques, la quantification des impacts biophysiques de la pollution de l'air extérieur et l'évaluation des coûts font qu'il est nécessaire d'interpréter les résultats avec prudence. Toutefois, ce rapport fournit pour la première fois des projections concernant l'ampleur régionale et mondiale des conséquences économiques d'un problème environnemental parmi les plus graves.

Messages clés

En l'absence de mesures plus rigoureuses, l'accroissement de l'activité économique et de la demande d'énergie entraînera une hausse non négligeable des émissions mondiales de polluants atmosphériques à l'horizon 2060. C'est ce qu'indiquent les projections obtenues à l'aide du modèle ENV-Linkages de l'OCDE, qui tient compte de polluants tels que le dioxyde de soufre (SO_2), les oxydes d'azote (NO_x) et le carbone noir (CN). Malgré un découplage partiel de l'activité économique et des émissions de polluants atmosphériques dans certaines zones, la progression prévue des émissions sera particulièrement rapide dans les régions affichant les plus forts taux de croissance économique ou dans lesquelles l'importance relative de l'énergie et des secteurs liés à l'énergie (en particulier la production d'électricité à partir de charbon) augmente, comme l'Asie du Sud et du Sud-Est et l'Afrique subsaharienne. Grâce à des politiques plus rigoureuses, les émissions des pays de l'OCDE sont dans l'ensemble stables ou diminuent à court et moyen terme, puis se stabilisent ou se redressent à mesure que les effets des mesures actuelles s'estompent.

L'augmentation des émissions de polluants atmosphériques se traduira, selon les projections, par une hausse des concentrations de particules ($PM_{2.5}$) et d'ozone troposphérique. Dans de nombreux lieux, les concentrations de $PM_{2.5}$ et d'ozone atteignent déjà des niveaux bien supérieurs aux niveaux de référence recommandés par les lignes directrices OMS relatives à la qualité de l'air. Les concentrations moyennes de $PM_{2.5}$ pondérées en fonction de la population sont déjà élevées et augmentent rapidement en Asie du Sud et de l'Est, en particulier dans la République populaire de Chine (« la Chine » dans la suite du document) et en Inde. Dans une grande partie de l'Amérique du Nord, de l'Europe et de l'Afrique, les concentrations de $PM_{2.5}$ d'origine anthropique sont également fortes mais leur progression ne devrait pas être aussi rapide. Les concentrations d'ozone sont particulièrement fortes en Corée, au Moyen-Orient et dans la région Méditerranéenne, mais elles dépassent également les valeurs guides pour la qualité de l'air dans nombre d'autres régions de la zone OCDE et hors OCDE. Ces régions sont les plus polluées à l'heure actuelle et le resteront, selon les projections, dans les décennies à venir. Le niveau élevé des concentrations moyennes pondérées en fonction de la population signifie que dans de nombreuses zones – en particulier dans les grandes villes – la pollution atmosphérique est systématiquement supérieure aux valeurs recommandées; elle peut atteindre de surcroît des niveaux extrêmement dangereux pour la santé humaine plusieurs jours par an.

Les conséquences les plus dangereuses de la pollution de l'air extérieur sont liées au nombre de décès prématurés. Il ressort des projections présentées dans ce rapport qu'en l'absence de politiques plus rigoureuses, le nombre de décès prématurés liés à la pollution de l'air extérieur, qui s'élevait à quelque 3 millions en 2010 selon les plus récentes estimations de la charge mondiale de morbidité, atteindra 6 à 9 millions en 2060. Ces décès seront alors particulièrement nombreux dans les régions à forte densité de population où les concentrations de $PM_{2.5}$ et d'ozone sont élevées (notamment la Chine et l'Inde) et dans les régions où la population est vieillissante, comme la Chine et l'Europe de l'Est. Les effets prévus de l'exposition aux $PM_{2.5}$ sur la mortalité sont beaucoup plus forts que ceux de l'ozone.

En outre, la hausse des concentrations de $PM_{2.5}$ et d'ozone devrait entraîner une augmentation sensible des cas de maladies. Il en résultera un nombre accru d'admissions à l'hôpital, des dépenses de santé supplémentaires, un grand nombre de journées de travail perdues et des restrictions des activités quotidiennes normales. D'après les projections, les coûts des soins de santé liés à la pollution de l'air passeront de 21 milliards USD en 2015 (montants convertis en USD constants de 2010 sur la base des taux de change à PPA) à 176 milliards USD en 2060, par suite du nombre élevé de cas de maladies supplémentaires dus à la pollution atmosphérique et de l'accroissement prévu des coûts de santé par maladie. D'ici 2060, le nombre annuel de jours de travail perdus atteindra, selon les projections, 3.7 milliards (contre environ 1.2 milliard actuellement) au niveau mondial, ce qui aura des effets sur la productivité du travail.

Les coûts marchands de la pollution de l'air résultant de la baisse de productivité du travail, de l'augmentation des dépenses de santé et des pertes de rendement agricole se traduiront, selon les projections, par des coûts économiques annuels globaux représentant 1 % du produit intérieur brut (PIB) mondial à l'horizon 2060. Les pertes de PIB prévues sont particulièrement fortes en Chine (-2.6 %), dans la région Caspienne (-3.1 %) et en Europe de l'Est (UE non OCDE -2.7 % et Autre Europe -2.0 %), où les effets de la pollution atmosphérique entraînent une réduction de l'accumulation du capital et un ralentissement de la croissance économique.

Outre les coûts marchands de la pollution atmosphérique, le rapport présente également des projections des coûts non marchands associés à l'augmentation de la mortalité et de la morbidité sous l'effet de la pollution de l'air extérieur. Ces coûts non marchands (aussi appelés coûts en bien-être) diffèrent des coûts marchands en ce qu'ils sont fondés sur le consentement à payer pour réduire les risques sanitaires exprimé par les individus, et qu'ils ne représentent pas un coût réel pour l'économie. Ils donnent aux responsables des politiques publiques une indication utile de l'importance des impacts sur la santé de la pollution de l'air extérieur.

Il ressort des projections qu'à l'échelle mondiale, les coûts annuels en termes de bien-être associés aux décès prématurés dus à la pollution de l'air extérieur, calculés à l'aide d'estimations du consentement à payer individuel pour réduire le risque de décès prématuré, s'établiraient entre 18 000 et 25 000 milliards USD en 2060, contre 3 000 milliards USD en 2015. En outre, les coûts annuels en bien-être associés aux douleurs et souffrances dues à la maladie passeraient de quelque 300 milliards USD en 2015 à environ 2 200 milliards USD en 2060, d'après les résultats d'études évaluant le consentement à payer pour réduire les risques sanitaires. Par habitant, les coûts en bien-être moyens à l'échelle mondiale de la mortalité et de la morbidité atteindraient environ 2 100 à 2 800 USD en 2060, contre moins de 500 USD en 2015.

Les conséquences économiques potentielles des impacts tant marchands que non marchands de la pollution de l'air extérieur sont très importantes, et soulignent la nécessité d'une action vigoureuse des pouvoirs publics. L'adoption de politiques visant à limiter les émissions de polluants atmosphériques permettrait d'améliorer la qualité de l'air et de réduire les risques d'impacts très graves, et apporterait également des avantages secondaires considérables sur le plan de la lutte contre le changement climatique. Toutefois, les sources des émissions de polluants atmosphériques tout comme les conséquences de la pollution de l'air extérieur pour la santé humaine et l'économie sont très inégalement réparties entre les différentes régions, aussi est-il indispensable, dans le cadre d'un train de mesures optimal, de s'attacher avant tout à abaisser les niveaux de pollution et à protéger les segments de population vulnérables des pires impacts sur la santé.

Chapitre 1

Les liens entre la pollution de l'air extérieur et la croissance économique

Ce chapitre présente tout d'abord les principales approches retenues dans les travaux publiés pour évaluer les coûts de l'inaction ou les avantages de l'action en matière de pollution de l'air. Il expose ensuite la méthodologie utilisée dans ce rapport pour étudier les conséquences économiques de la pollution de l'air extérieur, à l'aide d'un modèle d'équilibre général pour les impacts marchands, et des résultats d'études d'évaluation directes pour les impacts non marchands. Le chapitre donne également un aperçu des principales répercussions de la pollution de l'air extérieur, notamment celles liées à la santé humaine et à l'environnement. Il montre ensuite quels impacts et quelles conséquences économiques sont quantifiés dans cette étude. Enfin, il se termine par une description des moyens d'action dont disposent les pouvoirs publics pour faire face à la pollution de l'air extérieur.

1.1. Introduction

La pollution atmosphérique est l'un des risques les plus graves liés à l'environnement, en particulier dans les grandes villes et dans les zones très peuplées où elle a de lourdes conséquences pour la santé humaine. Par ailleurs, il est maintenant établi que la pollution de l'air extérieur a des répercussions sur l'environnement, lesquelles affectent les rendements agricoles, la biodiversité, les terres et l'eau, ainsi que sur les activités humaines, nuisant à la visibilité ainsi qu'aux bâtiments et aux matériaux, y compris au patrimoine culturel.

Des travaux antérieurs font état de résultats alarmants concernant les graves répercussions de la pollution de l'air intérieur et extérieur sur la santé humaine, et en particulier le grand nombre de décès prématurés dont elle est responsable[1]. Selon la toute dernière étude sur la charge mondiale de morbidité (CMM), la pollution de l'air – intérieur et extérieur – est la première cause de décès liés à l'environnement dans le monde, et aurait été à l'origine de 5.5 millions de décès prématurés à l'échelle mondiale en 2013 (Forouzanfar et al., 2015; Brauer et al., 2016), ce qui équivaut à 1 décès sur 8 dans le monde. L'étude de 2010 sur la CMM (Lim et al., 2012), l'OMS (2014) et Lelieveld et al. (2015) estiment que la pollution de l'air *extérieur* est à elle seule responsable de 3 à 4 millions de décès prématurés par an à l'échelle mondiale. Selon l'OMS (2016), 98% des villes des pays à faible revenu et à revenu intermédiaire et 56% des villes des pays à revenu élevé ne respectent pas les lignes directrices OMS relatives à la qualité de l'air. Les chiffres précis résultant des différentes études sont variables, et dépendent par exemple des perfectionnements apportés à la modélisation de l'exposition (concernant, par exemple, le seuil d'exposition, ou la pente et la forme des fonctions exposition-réponse). Cependant, toutes les études montrent que la pollution atmosphérique a un effet considérable sur la santé et qu'elle peut être associée à plusieurs millions de décès chaque année.

Les impacts négatifs de la pollution atmosphérique sur la santé et sur l'environnement se traduisent également par des coûts économiques élevés. L'OCDE (2014) utilise la « valeur d'une vie statistique » (VVS) pour estimer les coûts économiques de la pollution de l'air extérieur, et montre que le coût des répercussions de la pollution atmosphérique sur la santé (décès et maladies) dans les pays de l'OCDE a atteint 1 700 milliards USD en 2010[2]. Selon les estimations, ce même coût a été, cette année-là, de 1 400 milliards USD en République populaire de Chine (« la Chine » dans la suite du document) et de 500 milliards USD en Inde.

Il est plus difficile de prévoir comment l'évolution des impacts et des coûts de la pollution atmosphérique au cours des décennies à venir. Le présent rapport vise à combler cette lacune en évaluant les *coûts de l'inaction face à la pollution de l'air extérieur* à partir de projections de référence de 2015 à 2060 à l'échelle régionale et mondiale[3]. Il s'attache plus particulièrement aux conséquences économiques et biophysiques futures de la pollution atmosphérique en l'absence de politiques autres que celles qui sont déjà en place. Le rapport montre que la pollution atmosphérique aura de graves conséquences pour la santé humaine et la croissance économique, à moins que des politiques plus ambitieuses ne soient mises en œuvre. Cette évaluation des coûts de l'inaction face à la pollution de l'air met en relief l'ampleur du problème de la pollution atmosphérique à l'échelle mondiale.

Les coûts sociaux et en bien-être de la pollution de l'air intérieur ne doivent pas être ignorés. La pollution de l'air intérieur touche particulièrement les communautés rurales pauvres n'ayant guère, voire pas du tout, accès à l'électricité, et qui sont exposées aux émissions toxiques provenant des foyers de cuisson et des systèmes de chauffage et d'éclairage équipant leurs logements. Néanmoins, le présent rapport considère uniquement la pollution de l'air extérieur, et ce pour deux raisons. Premièrement, les problèmes sanitaires associés à la pollution de l'air intérieur devraient en principe diminuer au cours des décennies à venir, même en l'absence de nouvelles politiques de lutte contre la pollution, à mesure que les pays se développeront et que l'accès à des sources d'énergie plus propres se généralisera (voir OCDE, 2012). Au contraire, les conséquences de la pollution de l'air extérieur devraient s'aggraver au fil du temps si aucune action supplémentaire n'est entreprise. Deuxièmement, la pollution de l'air extérieur est beaucoup plus directement liée à l'activité économique, et peut être considérée comme un sous-produit de la croissance économique, sur laquelle est axé ce rapport.

L'analyse figurant dans le présent rapport s'appuie sur la méthode dite de l'analyse des voies d'impact. Cette approche, mise au point dans le cadre de l'étude menée par la Commission européenne et les États-Unis sur les cycles des combustibles et du projet ExternE (ExternE 1995 ; Commission européenne, 2005 ; US DOE, 1992), consiste à calculer les coûts économiques de la pollution atmosphérique (ou les avantages économiques d'une réduction de la pollution atmosphérique) en partant des émissions puis en examinant les concentrations, les expositions, les impacts biophysiques et l'évaluation des coûts économiques.

De précédentes études ont fait appel à l'analyse des voies d'impact dans le contexte de l'évaluation économique de la pollution atmosphérique, essentiellement pour les États-Unis et l'Union européenne. Pour l'UE, une telle approche a été employée pour étudier les avantages de plusieurs directives et options technologiques visant à améliorer la qualité de l'air (Commission européenne, 2013 et 2005 ; Vrontisi et al., 2016 ; OMS, 2013a,b ; Holland, 2014a,b ; ExternE, 1995 ; Rabl et al., 2014). Pour les États-Unis, l'EPA y a eu recours pour évaluer les avantages de la loi relative à la qualité de l'air (*Clean Air Act*) (US EPA, 1997, 1999, 2011). Une série d'études ont également été consacrées au coût des répercussions sanitaires de la qualité de l'air dans des régions particulières (Matus, 2005 ; Matus et al., 2008 ; 2011 ; Nam et al., 2009 ; OCDE, 2014b) et, pour l'ozone seulement, à l'échelle mondiale (Selin et al., 2009).

Le rapport considère qu'une série d'impacts particuliers sur la santé et sur l'agriculture sont liés aux émissions des principaux polluants primaires – dioxyde de soufre (SO_2), oxydes d'azote (NO_x), carbone noir (CN), carbone organique (C_{org}), monoxyde de carbone (CO), composants organiques volatils (COV)[4] et ammoniac (NH_3) – et aux concentrations de particules ($PM_{2.5}$) et d'ozone troposphérique (O_3) qui résultent de ces émissions. Les données relatives aux émissions régionales de polluants primaires proviennent du modèle d'interactions et de synergies entre les gaz à effet de serre et la pollution atmosphérique (*Greenhouse Gas and Air Pollution Interactions and Synergies* – GAINS) élaboré à l'Institut international pour l'analyse des systèmes appliqués (IIASA). Faute de données fiables à l'échelle mondiale, il n'a pas été possible de quantifier d'autres impacts de la pollution atmosphérique, notamment sur la biodiversité ou sur le patrimoine culturel, ni l'impact direct du dioxyde d'azote (NO_2) sur la santé humaine.

L'analyse est fondée sur le modèle d'équilibre général calculable (EGC) ENV-Linkages de l'OCDE (Chateau et al., 2014). Le modèle ENV-Linkages sert à construire une référence socioéconomique et à établir les projections correspondantes des émissions futures de polluants atmosphériques. Les émissions de polluants atmosphériques sont ensuite exprimées en concentrations de $PM_{2.5}$ et d'ozone à l'aide du modèle de transport atmosphérique TM5-FASST (*Fast Scenario Screening Tool*) élaboré au Centre commun de recherche de la Commission européenne (CCR-CE). Les concentrations sont les principales données entrant dans le calcul des impacts biologiques et physiques de la pollution atmosphérique sur la santé humaine et sur les rendements agricoles. Les impacts sur les rendements agricoles sont calculés au moyen de TM5-FASST selon la méthodologie de Van Dingenen et al. (2009), tandis qu'une large gamme d'impacts sur la santé sont calculés suivant la méthodologie de Holland (2014a,b) élargie pour couvrir le monde entier. Ces projections des conséquences biophysiques de la pollution de l'air extérieur sont ensuite intégrées dans le modèle ENV-Linkages afin de calculer les coûts économiques projetés sur le produit intérieur brut (PIB) et la production.

Ce rapport présente les conséquences économiques de la pollution de l'air extérieur pour différents types de coûts. Si les coûts marchands, c'est-à-dire ceux associés aux impacts qui touchent directement l'économie, sont calculés à l'aide du modèle ENV-Linkages, les coûts non marchands sont monétisés à partir des résultats des études de préférences déclarées (PD), qui évaluent directement le consentement à payer (CAP) pour une réduction des risques environnementaux. La prise en considération de ces deux aspects complémentaires des coûts économiques de la pollution de l'air revêt un grand intérêt pour les responsables de l'action publique qui doivent tenir compte des deux types de coûts lorsqu'ils formulent leurs politiques.

Le rapport est structuré comme suit. Le chapitre 2 décrit la méthode et le cadre de modélisation employés pour procéder aux projections et à l'analyse des coûts de l'inaction en matière de pollution atmosphérique. Le chapitre 3 présente les projections de la croissance économique, des émissions, des concentrations et des impacts biophysiques de la pollution atmosphérique. Le chapitre 4 présente les résultats relatifs aux coûts macroéconomiques de la pollution atmosphérique. Enfin, le chapitre 5 présente les coûts non marchands de la pollution atmosphérique, notamment la mortalité et la morbidité, ainsi qu'une comparaison des coûts marchands et non marchands.

1.2. Principales conséquences de la pollution de l'air extérieur

Les répercussions de la pollution de l'air extérieur sur la santé et sur l'environnement sont liées aux fortes concentrations de particules fines et grossières (PM), d'ozone troposphérique (O_3) ainsi que d'autres polluants, comme le dioxyde d'azote (NO_2) et le dioxyde de soufre (SO_2).

Les particules comprennent les particules primaires émises dans l'atmosphère, comme le carbone noir (CN), le carbone organique (C_{org}), les métaux, sels et cendres, et les particules secondaires formées dans l'atmosphère à partir d'une réaction impliquant des gaz précurseurs. Les gaz précurseurs des particules sont l'ammoniac (NH_3), les oxydes d'azote (NO_x), le dioxyde de soufre (SO_2) et, dans une certaine mesure, les composés organiques volatils (COV). L'ozone troposphérique est formé dans l'atmosphère par suite de réactions chimiques et photochimiques faisant intervenir des gaz précurseurs tels que les NO_x, les COV ou le méthane (CH_4)[5].

Les concentrations de polluants sont la résultante d'émissions de sources naturelles et anthropiques (poussières, sel marin, volcans, incendies de forêt, etc.). Certaines régions, comme la Méditerranée ou les zones situées au sud du Sahara, affichent des niveaux élevés de particules naturelles (sel marin et poussières). Des concentrations de fond d'ozone sont toujours présentes dans l'atmosphère, mais les émissions de polluants accroissent les concentrations à l'échelle régionale. Les concentrations de polluants dépendent également des conditions climatiques. Par exemple, la lumière du soleil augmente la teneur en ozone de l'atmosphère, tandis qu'une absence de précipitations accroît les concentrations de particules.

Plusieurs autres facteurs influent sur les concentrations et les possibilités de dispersion des polluants dans l'atmosphère. Des caractéristiques liées à localisation des émissions, comme le volume et l'emplacement géographique des rejets, la topographie du lieu, le fait que les émissions proviennent de sources fixes ou mobiles, et la présence de vents modifient les possibilités de dispersion des polluants. Les caractéristiques chimiques des polluants, comme leur durée de vie dans l'atmosphère, et leur capacité de se transformer en polluants secondaires, influent aussi sur les concentrations.

Une part importante des émissions primaires est due à la combustion d'énergie fossile pour la production d'électricité, les transports et le secteur industriel, ainsi qu'à la combustion de biomasse traditionnelle dans le secteur résidentiel. Certains processus industriels produisent également d'importantes émissions, en particulier lorsqu'ils emploient de grandes quantités de produits chimiques. Les engrais, les déchets agricoles, le brûlage des savanes et les incendies de forêt sont aussi source d'émissions non négligeables.

Les épisodes de forte pollution atmosphérique et les expositions de longue durée à des concentrations élevées de polluants atmosphériques ont des répercussions sur la santé humaine, et provoquent une augmentation aussi bien de la mortalité (c'est-à-dire du nombre de décès prématurés imputables à la pollution atmosphérique) que de la morbidité (c'est-à-dire de l'incidence des maladies liées à la pollution de l'air). Les maladies liées à la pollution sont notamment le cancer du poumon, les maladies cardiovasculaires (cardiopathie et accident vasculaire cérébral ischémiques), les affections respiratoires (bronchite chronique et asthme) et les bronchopneumopathies chroniques obstructives (OMS, 2013b; Hunt et al., 2016). Les cas de maladies supplémentaires se traduisent par une augmentation des admissions à l'hôpital, des dépenses médicales et des absences au travail, lesquelles peuvent à leur tour se traduire par une baisse de la productivité de la main-d'œuvre. Toutefois, la pollution de l'air peut aussi avoir des répercussions directes sur la productivité de la main-d'œuvre sans pour autant provoquer d'absences au travail (Graff-Zivin and Neidell, 2012).

De nouvelles études montrent que la pollution atmosphérique a aussi des effets sanitaires sur la fécondité, la grossesse, le poids à la naissance, les nouveau-nés et les enfants. La pollution peut entraîner des troubles neurologiques du développement physique et cognitif chez les nouveau-nés et les enfants, troubles qui peuvent nuire à leurs résultats scolaires et, plus tard au cours de leur vie, réduire leurs niveaux de rémunération.

Les fortes concentrations de particules, et notamment de particules fines ($PM_{2.5}$), sont la principale cause d'impacts sur la santé, car ces polluants peuvent facilement pénétrer les poumons et la circulation sanguine. D'autres polluants peuvent aussi avoir des répercussions directes sur la santé, notamment l'ozone, le SO_2 et le NO_2 (voir OMS, 2013b; Walton et al., 2015). Un récent rapport du Royal College of Physicians (RCP, 2016) estime à 40 000 décès par an (±25 %) l'effet combiné des particules et du NO_2 au Royaume Uni, soit bien plus que le chiffre généralement admis de 29 000 décès par an attribués aux seules $PM_{2.5}$. Cette étude porte une attention particulière au risque de chevauchement des estimations de la mortalité lorsque l'on évalue séparément les particules et le NO_2.

Les fortes concentrations d'ozone troposphérique ont aussi des effets préjudiciables sur les rendements agricoles, ainsi que sur les plantes en général. L'ozone est en effet toxique pour les plantes du fait de ses propriétés fortement oxydantes, qui provoquent plusieurs catégories de symptômes, notamment des tâches sur le feuillage (qui peuvent rendre invendables des cultures à feuilles comme l'épinard ou la laitue), le ralentissement de la croissance et la baisse des rendements, ainsi que la mort prématurée des plantes.

La pollution atmosphérique a aussi d'autres effets négatifs sur l'environnement, notamment sur les forêts et la biodiversité, l'eau et les sols. Elle peut réduire la visibilité

(« smog »), obscurcissant le panorama dans les parcs nationaux et les zones protégées, et portant atteinte à la sécurité et aux activités humaines ainsi qu'aux écosystèmes. Enfin, les composés acides et azotés de l'air peuvent se déposer sur le sol et dans l'eau, dégradant la qualité de l'eau et affectant les écosystèmes, avec des répercussions sur la qualité des aliments (et par conséquent sur la santé humaine) ainsi que sur les activités commerciales et les loisirs dans les zones touchées. Il est maintenant admis que des dépôts élevés d'azote constituent une menace grave pour la biodiversité et la santé des écosystèmes en général (Sutton et al., 2011).

Les impacts biophysiques de la pollution de l'air extérieur ont des coûts économiques élevés. Ses effets sur la santé humaine sont une composante majeure des « coûts de l'inaction » face à la pollution atmosphérique, puisqu'ils représentent environ 90 % des coûts totaux imposés à la société par certains polluants (OCDE, 2008). Les impacts sur la santé de la pollution atmosphérique se traduisent par un accroissement des dépenses de santé ainsi que par des pertes de productivité de la main-d'œuvre. Le recul de la production agricole peut aussi provoquer des pertes économiques, en particulier dans les régions où l'économie est largement tributaire de l'agriculture. Enfin, les fortes concentrations de polluants atmosphériques, la réduction de la visibilité et les dommages infligés aux bâtiments et au patrimoine culturel sont autant de facteurs qui ont des répercussions sur le tourisme, et entraînent par conséquent des coûts économiques du fait de la réduction des flux touristiques.

Si le présent rapport est axé sur la pollution de l'air extérieur, la pollution de l'air intérieur présente aussi de graves risques pour la santé humaine. L'OMS (2014) attribue 3.7 millions de décès à la pollution de l'air extérieur, mais jusqu'à 4.3 millions de décès à la pollution de l'air intérieur[6]. La principale source de cette dernière est liée à l'usage, pour la cuisine et le chauffage domestiques, de charbon et de biocarburants solides (par exemple, bouse de vache et bois) par les ménages qui n'ont pas les moyens d'utiliser des combustibles modernes plus propres. La pollution de l'air intérieur est toutefois aussi un problème dans les pays développés, où elle résulte principalement des émanations de substances chimiques des tapis, meubles et produits de nettoyage ménager, ainsi que du radon et des pesticides. Une étude de l'OCDE (2012) compare les effets sur la santé de la pollution de l'air intérieur et de la pollution de l'air extérieur[7]. Elle parvient à la conclusion que, par suite de l'augmentation des niveaux de revenus dans les pays émergents et en développement et de l'élargissement de l'accès à des sources d'énergie commerciales et aux services de santé, l'importance de la pollution de l'air intérieur est appelée à diminuer progressivement par rapport à celle de la pollution de l'air extérieur.

1.3. Impacts de la pollution de l'air extérieur

Dans l'idéal, l'analyse figurant dans ce rapport devrait couvrir la totalité des impacts et coûts de la pollution de l'air extérieur décrits dans la section précédente. Faute de données disponibles, cependant, il a seulement été possible d'évaluer les coûts de certains impacts jugés particulièrement importants. Le présent rapport examine les impacts des $PM_{2.5}$ et de l'ozone troposphérique sur la santé humaine et sur les rendements agricoles, tels qu'ils sont récapitulés dans le tableau 1.1.

Plus précisément, les impacts sur la santé considérés sont les décès prématurés et l'augmentation des cas de maladies (pathologies cardiovasculaires et respiratoires). Les impacts marchands modélisés dans ENV-Linkages sont par conséquent l'augmentation des dépenses de santé, la baisse de la productivité du travail liée aux absences pour maladie et la diminution des rendements agricoles, tandis que les coûts non marchands relatifs à la mortalité et à morbidité sont calculés séparément à partir des résultats d'études de préférences déclarées.

Tableau 1.1. **Principales catégories d'impacts de la pollution de l'air extérieur**

Catégorie d'impacts	Description des impacts	Impacts marchands	Impacts non marchands
Santé	Mortalité par cancer du poumon, maladies cardiovasculaires et respiratoires dues à de fortes concentrations de $PM_{2.5}$ et d'ozone	Non couverts dans ce rapport	Décès prématurés
	Morbidité par cancer du poumon, maladies cardiovasculaires et respiratoires dues à de fortes concentrations de $PM_{2.5}$ et d'ozone	Accroissement des dépenses de santé	Désutilité (par exemple, douleurs et souffrances) liée à la maladie
		Modification de la productivité du travail due aux absences pour maladie	
	Autres impacts sur la santé, par exemple faible poids à la naissance, grossesse	Non couverts dans ce rapport	
	Impacts directs du NO_2 sur la santé	Non couverts dans ce rapport	
Agriculture	Baisse des rendements agricoles sous l'effet de fortes concentrations d'ozone	Modifications des rendements agricoles	Non couverts dans ce rapport
Tourisme, loisirs	Impacts sur le tourisme et les loisirs résultant, par exemple, d'une réduction de la visibilité, de dommages au patrimoine culturel et de risques pour la santé	Non couverts dans ce rapport	
Écosystèmes, biodiversité, sylviculture	Dégradation de la qualité de l'air et de l'eau, atteintes à la santé des écosystèmes	Non couverts dans ce rapport	

Les effets sur le patrimoine culturel, le tourisme, les activités de loisirs, la sylviculture et la biodiversité n'ont pas pu être inclus dans cette étude, car on ne dispose pas encore d'informations suffisantes pour attribuer ces impacts à la pollution atmosphérique ni pour les chiffrer en termes monétaires[8]. Certains impacts sur la santé, portant par exemple sur la grossesse et le poids à la naissance, ainsi que les effets directs de l'exposition au NO_2, ont également été omis faute d'informations suffisantes.

En outre, le présent rapport ne peut rendre compte que d'un sous-ensemble de toutes les répercussions économiques des impacts considérés. Les conséquences économiques (indirectes) des décès prématurés sur le marché du travail sont un exemple important de ce type de problème. En principe, l'offre de main-d'œuvre diminue si une personne en âge de travailler décède. De même, un décès prématuré peut avoir un impact sur l'offre de main-d'œuvre future, car il peut entraîner une baisse du nombre de naissances et par conséquent de la population. Ces effets endogènes ne sont toutefois pas faciles à prévoir et sortent du cadre du présent rapport. De surcroît, s'agissant de la pollution de l'air extérieur, ces effets seront sans doute relativement faibles car les décès prématurés concernent essentiellement des personnes âgées, et n'ont donc pas d'incidence sur la population active ni sur la croissance démographique future (voir aussi la section 4.3). On prend donc pour hypothèse que la mortalité n'a pas d'effet sur le marché du travail.

Comme on l'a déjà vu, l'analyse est limitée à la seule pollution de l'air extérieur et ne tient pas compte de la pollution de l'air intérieur. Très peu d'études sont malheureusement consacrées aux conséquences économiques de la pollution de l'air intérieur, en particulier celles des « nouvelles » sources chimiques de la pollution, de sorte qu'il n'est pas encore possible de procéder à une évaluation quantitative robuste.

En raison de ces éléments manquants, le présent rapport sous-estime vraisemblablement les coûts de la pollution atmosphérique. L'analyse comporte également d'importantes incertitudes, en particulier celles qui entourent les projections des comportements futurs. Les projections socioéconomiques et celles de la structure future de l'économie, via les émissions et les concentrations de polluants atmosphériques jusqu'aux impacts sur la santé et leurs répercussions sur l'économie, sont autant de facteurs d'incertitude. Or s'il existe des incertitudes importantes à chaque étape, aucune étude solide ne permet de déterminer celles qui revêtent le plus d'importance pour les conclusions de ce rapport. Le lecteur devra donc garder à l'esprit la présence de ces incertitudes tout au long du rapport et dans les résultats présentés.

Il ne faudrait pas que les incertitudes qui caractérisent les résultats des études quantitatives empêchent de prendre les mesures requises, car un certain nombre de données d'ordre qualitatif sont robustes, en particulier le fait que la pollution de l'air extérieur affecte la santé, comme le montrent les nombreuses études épidémiologiques menées dans le monde entier, et que ces impacts ont de fortes répercussions sur l'économie et sur le bien-être.

1.4. Typologie des coûts de la pollution de l'air

Le présent rapport examine les coûts aussi bien marchands que non marchands de la pollution de l'air extérieur. Les coûts marchands (c'est-à-dire les coûts pour l'économie) sont ceux associés aux impacts biophysiques qui influent directement sur l'activité économique mesurée dans les comptes nationaux et le PIB. Par exemple, la baisse des rendements agricoles affecte la production agricole. Les coûts non marchands comprennent les coûts monétisés de la mortalité (décès prématurés) et de la désutilité liée à la maladie (par exemple, douleurs et souffrances). Tandis que les coûts marchands font ressortir la nécessité de prendre des mesures de lutte contre la pollution de l'air pour éviter de nuire à l'économie, les coûts non marchands montrent les avantages pour la collectivité – potentiellement extrêmement élevés – que peuvent apporter ces mesures. Le graphique 1.1 représente les différents types de coûts examinés dans ce rapport.

Graphique 1.1. **Catégories de coûts examinées dans ce rapport**

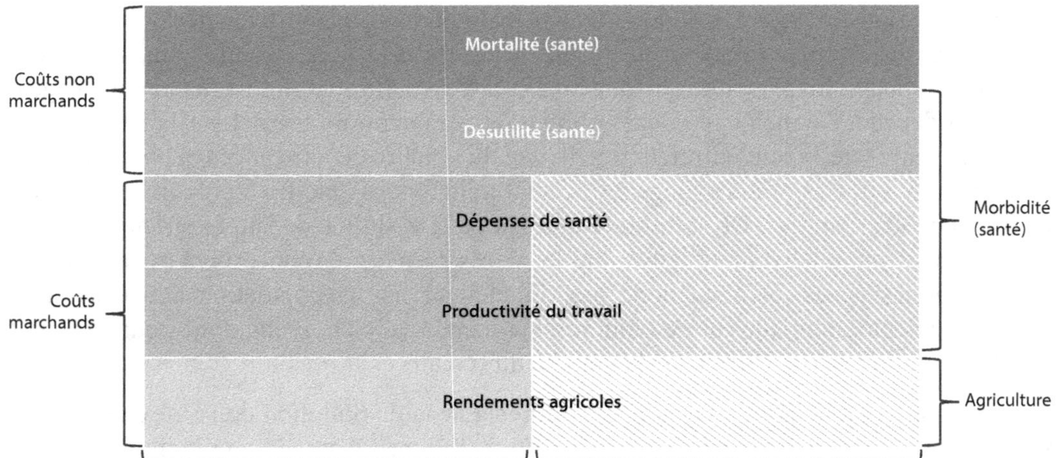

Les impacts liés au marché, qui dans cette étude englobent les dépenses de santé supplémentaires liés à la maladie, les pertes de productivité du travail dues aux absences pour maladie et les baisses de rendement agricole, sont pris en compte dans le modèle ENV-Linkages qui permet alors de calculer les coûts mondiaux et régionaux de la pollution de l'air extérieur aux niveaux du PIB et de la production sectorielle. Parmi les coûts marchands, on distingue en outre les coûts directs et les coûts indirects. Un cadre d'équilibre général peut prendre en considération aussi bien les effets directs que les effets indirects dans l'ensemble de l'économie. Par exemple, une diminution des rendements agricoles a un impact direct sur la production agricole des cultures en question, mais elle a aussi des effets indirects, notamment parce qu'elle opère une réallocation des cultures sur les terres agricoles et qu'elle modifie la structure des échanges. Comme le soulignent Hunt et al. (2016), étant donné que les impacts marchands de la pollution atmosphérique peuvent avoir des effets importants sur les marchés correspondants ou sur les finances publiques, il est nécessaire d'adopter une modélisation couvrant l'ensemble de l'économie pour rendre compte de l'ensemble des coûts économiques.

Il n'est pas facile de prendre en compte les impacts non marchands dans un cadre d'équilibre général, car ces derniers ne sont reliés à aucune variable spécifique dans les fonctions de production ou d'utilité du modèle. Les coûts en bien-être des impacts non marchands, notamment les coûts de la mortalité et de la morbidité imputables à la pollution de l'air extérieur, sont évalués à l'aide des résultats d'études de préférences déclarées[9].

Pour comparer les coûts marchands et non marchands, il est possible d'exprimer les deux types de coûts en termes de bien-être. Les coûts non marchands sont directement calculés comme des coûts en bien-être. On peut exprimer les coûts marchands comme des coûts en bien-être en utilisant la notion de variation équivalente du revenu[10]. Cette question, ainsi que la comparabilité des différents types de coûts, est examinée plus avant aux sections 2.8 et 5.4.

1.5. Mesures envisageables pour lutter contre la pollution de l'air extérieur

Le présent rapport ne porte que sur les coûts de l'inaction face à la pollution de l'air extérieur. Plusieurs solutions sont néanmoins envisageables pour lutter contre la pollution atmosphérique. Une classification des instruments utilisés par les pouvoirs publics pour lutter contre la pollution de l'air est présentée succinctement au tableau 1.2, qui est tiré des travaux de l'OCDE (2012).

La mise en œuvre de mesures visant à réduire la pollution contribuera certainement à contrer et à réduire les coûts biophysiques et économiques de la pollution atmosphérique. Ces mesures peuvent consister, par exemple, à encourager ou à imposer l'adoption de technologies en bout de chaîne susceptibles d'abaisser les niveaux de pollution ou de technologies plus propres, surtout dans les domaines de la combustion énergétique, ou à imposer des normes de qualité de l'air, d'émissions automobiles et de qualité des carburants, ainsi que des taxes sur les émissions, entre autres.

L'éducation, la diffusion d'informations, les politiques de cohésion et les alertes rapides peuvent aussi atténuer les impacts de la pollution atmosphérique sur la santé. Les politiques de cohésion peuvent aider les pays à se conformer aux législations, développer les infrastructures et faire face aux défis environnementaux à l'aide de ressources organisationnelles améliorées. Avertir la population de l'existence d'une forte augmentation de la pollution pour que les individus, en particulier ceux qui courent le plus de risques, limitent leurs activités peut contribuer à atténuer les impacts sur la santé de ces épisodes.

Il pourrait toutefois être également nécessaire d'accroître la souplesse des horaires de travail et offrir la possibilité de travailler à distance, dans la mesure du possible, pour éviter que de tels épisodes n'aient de fortes répercussions sur le marché du travail. L'efficacité des initiatives de flexibilité des conditions de travail dépend du stade de développement économique et ces mesures pourraient n'être bénéfiques que dans les pays où la part des secteurs de services (par opposition aux secteurs industriels, par exemple) est élevée.

Tableau 1.2. **Taxonomie des moyens d'action applicables à la gestion de la pollution de l'air**

Approches réglementaires	Instruments économiques	Autres
• Normes de qualité de l'air ambiant. • Plafonds d'émission (p. ex. directive de l'Union européenne sur les plafonds d'émission nationaux). • Normes applicables aux émissions industrielles, normes technologiques. • Obligations de déclaration s'appliquant aux sources fixes (p. ex. inventaires des émissions et transferts de matières polluantes). • Normes de consommation de carburant. • Normes de qualité des carburants. • Programmes de contrôle technique et d'entretien des véhicules.	• Systèmes de permis négociables pour les émissions atmosphériques des sources fixes (p. ex. quotas d'émission de SO_2 dans le cadre du Clean Air Act des États-Unis). • Taxes sur les carburants. • Tarification routière. • Redevances de congestion. • Taxes sur les émissions. • Incitations financières en faveur du développement de carburants alternatifs et renouvelables et de technologies avancées dans le secteur des transports (p. ex. programme DRIVE en Californie).	• Collecte d'informations : - par le biais de la surveillance des émissions et de la qualité de l'air ; - aux fins d'analyses coûts-avantages à l'appui de l'évaluation des politiques (avec valorisation des impacts sur la santé) ; - à des fins de sensibilisation de la population (p. ex. cote air santé au Canada). • Programmes volontaires (p. ex. de mise à la casse des véhicules). • Conventions internationales (p. ex. Convention sur la pollution atmosphérique transfrontière à longue distance). • Infrastructures et aménagement urbain. • Initiatives en matière de flexibilité des conditions de travail (p. ex. Telework Enhancement Act de 2010 aux États-Unis).

Source : D'après OCDE (2012).

L'exposition humaine à la pollution atmosphérique a une dimension spatiale. En effet, la densité de population tout comme les concentrations de polluants qui en résultent varient dans l'espace. C'est pourquoi les initiatives locales aussi bien que les mesures qui ne tiennent pas spécifiquement compte des facteurs locaux, comme les normes d'émission des véhicules et des installations industrielles, ont un rôle à jouer. Parmi les mesures locales efficaces visant à abaisser les niveaux de pollution des zones à forte densité de population, on peut citer la relocalisation des activités industrielles, la différenciation spatiale des taxes sur la pollution et le zonage environnemental et résidentiel (Cárdenas Rodríguez et al., 2015). De plus, les groupes à faible revenu sont généralement plus exposés à la pollution, car ils vivent souvent dans des zones plus polluées et peuplées (où le coût du logement est inférieur). Ils doivent aussi effectuer des trajets domicile-travail plus longs et sont donc exposés à de fortes concentrations de polluants sur les routes, et ils ont (bien souvent) un accès retreint aux soins de santé. C'est pourquoi il est nécessaire de tenir compte des considérations géographiques pour concevoir les politiques de lutte contre la pollution de l'air.

Même si la pollution atmosphérique a essentiellement des conséquences locales et régionales, il s'agit aussi d'un problème d'ampleur mondiale. Plusieurs polluants et particules peuvent être transportés par les vents et ont des répercussions dans des régions et des pays autres que ceux où ils ont été émis. En outre, la qualité de l'air s'est détériorée dans la quasi-totalité des grandes régions du monde, et les liens d'interdépendance entre les pays, notamment par le biais du commerce international, font que les modifications des modes de consommation dans un pays influent sur le niveau des émissions dans d'autres. La forte pollution enregistrée en Chine résulte non seulement de l'augmentation de la consommation intérieure, mais aussi des activités de production à des fins d'exportation. Des solutions à l'échelle mondiale sont aussi nécessaires pour mettre au point des technologies moins polluantes, et une transformation globale du système énergétique constitue un volet essentiel de toute intervention efficace par rapport aux couts (AIE, 2016).

De nombreux pays prennent des mesures pour éviter les conséquences directes de l'inaction face à la pollution de l'air. Si ces plans d'action sont effectivement mis en œuvre et suivis de politiques plus ambitieuses, les coûts de l'inaction évoqués dans ce rapport ne se matérialiseront pas pleinement. Comme on le verra au chapitre 2, ce rapport n'anticipe pas ce qui va se produire, mais présente une projection plausible de ce qui pourrait se produire si les pays ne redoublent pas d'efforts pour ramener les émissions en-deçà des niveaux résultant des législations en vigueur.

De surcroît, il existe de fortes interactions avec une grande diversité d'autres domaines de l'action des pouvoirs publics. La réduction de la pollution atmosphérique offre l'occasion d'exploiter les synergies avec les investissements dans la croissance verte, les technologies vertes et les infrastructures vertes, ainsi qu'avec la promotion de l'innovation. Un cadre d'action général en faveur du développement durable, qui englobe une stratégie de développement durable propre au pays et qui favorise la croissance verte, les technologies propres et la réduction des inégalités et de la pauvreté, apporterait une réponse intégrée qui présenterait les multiples avantages d'une action coordonnée. Une telle réponse intégrée peut aider à exploiter les synergies entre différents objectifs de l'action des pouvoirs publics, et à éviter les contradictions nuisibles entre réglementations non coordonnées.

Il existe d'importants liens entre les mesures axées sur la qualité de l'air et les politiques climatiques ou énergétiques. Un secteur énergétique plus propre ou la mise en œuvre de politiques climatiques aboutiront aussi à de plus faibles émissions de polluants atmosphériques et à une meilleure efficacité par rapport aux coûts. Il importe donc d'insister sur la nécessité de poursuivre des politiques intégrées prenant en compte les arbitrages et les avantages accessoires de la poursuite d'objectifs en matière de changement climatique, d'énergie et de pollution de l'air. Les mesures en faveur de la maîtrise de l'énergie sont l'exemple type d'une intervention intégrée des pouvoirs publics qui produit des avantages multiples (AIE, 2014).

Les conséquences de la pollution atmosphérique interagissent aussi fortement avec la mise en œuvre des politiques en matière de soins de santé. Par exemple, une amélioration de la disponibilité et de l'efficacité des infrastructures sanitaires peut aider à réduire les impacts négatifs sur la productivité du travail et sur la désutilité liée à la maladie. L'aggravation de la pollution atmosphérique dans de nombreuses régions du monde se traduira sans doute par une multiplication des travaux de recherche, ce qui permettra de mieux appréhender les conséquences de l'exposition à de fortes concentrations de polluants, ainsi que la charge représentée par d'autres maladies. La disponibilité de ce type d'information permettra également d'apporter des éléments propices à la conception de remèdes et à la formulation de recommandations.

Il n'existe pas de solution universelle qui permettrait de réduire les impacts de la pollution atmosphérique. Les polluants et les sources de pollution qui prévalent diffèrent d'un pays à un autre. En général, un assortiment de moyens d'action apporte une certaine souplesse et assure une large couverture, mais il faut éviter les chevauchements inutiles entre instruments d'action. L'analyse des sources et des causes des émissions dans chaque pays peut guider le choix d'un ensemble de mesures optimales en ce domaine et éviter que les politiques suivies dans un secteur ne nuisent à un autre secteur. Il est essentiel de mettre en place un train de mesures coordonnées pour faire face aux différents problèmes environnementaux. Cela éviterait aux pouvoirs publics d'avoir à opérer certains arbitrages, par exemple lorsque les mesures prises pour atteindre les objectifs en matière d'énergie renouvelable en développant l'utilisation de biomasse pour le chauffage provoquent une augmentation de la pollution particulaire à l'échelle locale.

Notes

1. Un décès peut être qualifié de prématuré s'il se produit avant l'âge prévu, par rapport à l'espérance de vie d'un pays, d'un sexe ou d'un état de santé particulier, et s'il est possible de le prévenir en réduisant la cause du décès, en l'occurrence la pollution de l'air extérieur.

2. Tout au long de ce rapport, sauf indication contraire, les valeurs monétaires sont calculées en dollars constants des États-Unis de 2010, sur la base des taux de change à parité de pouvoir d'achat (PPA) (c'est-à-dire en « dollars internationaux »). Par souci de concision, ces valeurs sont simplement exprimées dans le texte en « USD ».

3. Le terme de « région » est employé dans un sens relativement large tout au long du rapport; ENV-Linkages contient une combinaison de 12 grands pays et 13 groupes de pays. Ceux-ci sont qualifiés génériquement de régions.

4. Les composés organiques volatils (COV) sont un groupe de produits chimiques à base de carbone (comme l'acétone, l'aldéhyde formique et le toluène). Tout produit chimique a sa propre toxicité et produit des effets différents sur la santé humaine. Le méthane (CH_4) est aussi, en principe, un COV, mais il est considéré ici séparément de sorte que le groupe des COV auquel il est fait référence dans le rapport l'exclut systématiquement. On désigne souvent ce groupe de polluants sous le nom de COV non méthaniques (COVNM).

5. L'ozone apparaît en quantités importantes à la fois comme polluant et comme élément naturel de l'atmosphère. À haute altitude, l'ozone filtre les rayonnements ultraviolets nocifs, mais près du sol, il est néfaste pour la santé humaine, la végétation et certains matériaux. La relation entre ozone et oxydes d'azote (NO_x) est complexe : dans certaines conditions, les émissions de NO_x aboutissent à la formation d'ozone; dans d'autres, elles conduisent à une réduction des niveaux locaux d'ozone.

6. De nombreuses personnes sont exposées à la pollution de l'air tant extérieur qu'intérieur. Aussi ne peut-on se contenter d'additionner la mortalité attribuée à chacune de ces deux sources. L'estimation totale de l'OMS est d'environ 7 millions de décès en 2012. En outre, l'initiative sur la charge mondiale de morbidité (CMM), qui utilise des fonctions de réponse et des estimations de l'exposition légèrement différentes, aboutit à un chiffre inférieur pour la mortalité liée à la pollution de l'air extérieur, de 3.1 millions de décès par an pour 2013 imputables à l'exposition aux particules et à l'ozone.

7. Le présent rapport recense également un certain nombre de manières dont les politiques climatiques pourraient aggraver la pollution de l'air intérieur, ne serait-ce qu'en accroissant les prix des combustibles (ce qui pourrait inciter les ménages pauvres à recommencer à utiliser des combustibles traditionnels à base de biomasse) et en améliorant l'isolation des bâtiments.

8. Des études visant à calculer la valeur totale d'activités et de sites d'intérêt patrimonial spécifiques ont été publiées, notamment l'étude sur l'économie des écosystèmes et de la biodiversité (TEEB)

et l'évaluation nationale des écosystèmes du Royaume Uni, mais leurs données ne peuvent être utilisées pour évaluer les impacts associés de la pollution de l'air extérieur, en particulier en raison de problèmes d'attribution.

9. Le consentement à payer (CAP) désigne le montant (revenu) qu'une personne est disposée à payer pour éviter ou réduire le risque qu'un résultat négatif se matérialise. Dans le contexte actuel, il vise à mesurer combien les personnes sont disposées à payer pour éviter qu'augmente leur risque de mourir prématurément ou de tomber malade en raison de la pollution de l'air extérieur. Le CAP est souvent mesuré par la méthode des préférences déclarées, c'est-à-dire au moyen de questionnaires demandant aux personnes interrogées d'indiquer la valeur de leur CAP.

10. Les différences entre les méthodes d'estimation compliquent la comparabilité des coûts marchands et des coûts non marchands.

Références

AIE (Agence internationale de l'énergie) (2016, à paraître), *World Energy Outlook Special Report on Energy and Air Pollution*, AIE, Paris.

AIE (2014), *Capturing the Multiple Benefits of Energy Efficiency: A Guide to Quantifying the Value Added*, AIE, Paris, http://dx.doi.org/10.1787/9789264220720-en.

Brauer, M. et al. (2016) « Ambient Air Pollution Exposure Estimation for the Global Burden of Disease 2013 », *Environmental Science and Technology*, vol. 50, pp. 79-88.

Cárdenas Rodríguez, M., L. Dupont-Courtade et W. Oueslati (2015), « Air Pollution and Urban Structure Linkages: Evidence from European Cities », *Documents de travail de l'OCDE sur l'environnement*, n° 96, Éditions OCDE, Paris, http://dx.doi.org/10.1787/5jrp6w9xlbq6-en.

Chateau, J., R. Dellink et E. Lanzi (2014), « An Overview of the OECD ENV-Linkages Model: Version 3 », *Documents de travail de l'OCDE sur l'environnement*, n° 65, Éditions OCDE, Paris, http://dx.doi.org/10.1787/5jz2qck2b2vd-en.

Commission européenne (2013), « The Clean Air Policy Package », Document de travail des services de la Commission. Impact Assessment, n° SWD(2013)531, Commission européenne, Bruxelles, http://ec.europa.eu/governance/impact/ia_carried_out/docs/ia_2013/swd_2013_0531_en.pdf (consulté le 3 mai 2016).

Commission européenne (2005), « ExternE: Externalities of Energy, Methodology, 2005 update », n° EUR 21951, Office des publications de l'Union européenne, Luxembourg. www.externe.info/externe_d7/?q=node/30 (consulté le 3 mai 2016).

ExternE (1995), Volume 2: methodology. ExternE: Externalities of Energy. www.externe.info/externe_d7/?q=node/37 (last accessed on 3 mai 2016).

Forouzanfar, M.H. et al. (2015), « Global, regional, and national comparative risk assessment of 79 behavioural, environmental and occupational, and metabolic risks or clusters of risks in 188 countries, 1990-2013: a systematic analysis for the Global Burden of Disease Study 2013 », *The Lancet*, vol. 386, n° 10010, pp. 2287-2323.

Graff-Zivin, J. et M. Neidell (2012), « The impact of pollution on worker productivity », *American Economic Review*, vol. 102, n° 7, pp. 3652-3673.

Holland, M. (2014a), Cost-benefit analysis of final policy scenarios for the EU Clean Air Package. Corresponding to IIASA TSAP report no. 11, version 2a, rapport destiné à la Commission européenne, DG Environnement, mars 2014, http://ec.europa.eu/environment/air/pdf/TSAP%20CBA.pdf (consulté le 3 mai 2016).

Holland, M. (2014b), Implementation of the HRAPIE Recommendations for European Air Pollution CBA work, rapport destiné à la Commission européenne, DG Environnement, janvier 2014, http://ec.europa.eu/environment/air/pdf/CBA%20HRAPIE%20implement.pdf (consulté le 3 mai 2016).

Hunt, A. et al. (2016), « Social costs of morbidity impacts of air pollution », *Documents de travail de l'OCDE sur l'environnement* n° 99, Éditions OCDE, Paris, http://dx.doi.org/10.1787/5jm55j7cq0lv-en.

Lelieveld, J.et al. (2015), « The contribution of outdoor air pollution sources to premature mortality on a global scale », *Nature*, vol. 525, pp. 367-371.

Lim, S.S. et al. (2012), « A comparative risk assessment of burden of disease and injury attributable to 67 risk factors and risk factor clusters in 21 regions, 1990-2010: A systematic analysis for the Global Burden of Disease Study 2010 », *The Lancet*, vol. 380, pp. 2224-2260.

Matus, K. (2005), « Health Impacts from Urban Air Pollution in China: The Burden to the Economy and the Benefits of Policy », *Master of Science Thesis in Technology and Policy*, Massachusetts Institute of Technology, Cambridge, MA.

Matus, K. et al. (2011), « Health Damages from Air Pollution in China », *MIT Joint Program on the Science and Policy of Global Change Report Series*, Report no. 196, Massachusetts Institute of Technology, Cambridge, MA.

Matus, K. et al. (2008), « Toward integrated assessment of environmental change: air pollution health effects in the USA », *Climatic Change*, vol. 88, pp. 59-92.

Nam, K.-M. et al. (2009), « Measuring welfare loss caused by air pollution in Europe: a CGE analysis », *MIT Joint Program on the Science and Policy of Global Change Report Series*, Report 178, Massachusetts Institute of Technology, Cambridge, MA.

OCDE (2014), *Le coût de la pollution de l'air : Impacts sanitaires du transport routier*, Éditions OCDE, Paris, http://dx.doi.org/10.1787/9789264220522-fr.

OCDE (2012), *Perspectives de l'environnement de l'OCDE à l'horizon 2050 : les conséquences de l'inaction*, Éditions OCDE, Paris, http://dx.doi.org/10.1787/env_outlook-2012-fr.

OCDE (2008), *Coûts de l'inaction sur des défis environnementaux importants*, Éditions OCDE, Paris, http://dx.doi.org/10.1787/9789264045842-fr.

OMS (Organisation mondiale de la santé) (2016), *Global Urban Ambient Air Pollution Database (update 2016),* Organisation mondiale de la santé, Genève, 2016.

OMS (2014), *Burden of disease from Household Air Pollution for 2012*, Organisation mondiale de la santé, Genève, 2014.

OMS (2013a), « REVIHAAP: Review of evidence on health aspects of air pollution – REVIHAAP project: final technical report », Organisation mondiale de la santé, Bureau régional de l'Europe, Bonn, Allemagne, www.euro.who.int/en/health-topics/environment-and-health/air-quality/publications/2013/review-of-evidence-on-health-aspects-of-air-pollution-revihaap-project-final-technical-report (consulté le 3 mai 2016).

OMS (2013b), *Health risks of air pollution in Europe – HRAPIE project. Recommendations for concentration-response functions for cost-benefit analysis of particulate matter, ozone and nitrogen dioxide*, Organisation mondiale de la santé, Bureau régional de l'Europe, Bonn, Allemagne, www.euro.who.int/en/health-topics/environment-and-health/air-quality/publications/2013/health-risks-of-air-pollution-in-europe-hrapie-project-recommendations-for-concentrationresponse-functions-for-costbenefit-analysis-of-particulate-matter,-ozone-and-nitrogen-dioxide (consulté le 3 mai 2016).

Rabl, A. et al. (2014), *How Much is Clear Air Worth: Calculating the Benefits of Pollution Control*, Cambridge University Press, juillet 2014.

RCP (Royal College of Physicians) (2016), *Every breath we take: the lifelong impact of air pollution*. Report of a working party of the Royal College of Physicians, Londres, www.rcplondon.ac.uk/projects/outputs/every-breath-we-take-lifelong-impact-air-pollution (consulté le 3 mai 2016).

Selin, N.E. et al. (2009), « Global health and economic impacts of future ozone pollution », *MIT Joint Program on the Science and Policy of Global Change Report Series*, Report 177, Massachusetts Institute of Technology, Cambridge, MA.

Sutton, M.A. et al. (2011), *The European Nitrogen Assessment: Sources, Effects and Policy Perspectives*. Cambridge University Press, New York.

US DOE (United States Department of Energy) (1992), « US-EC Fuel Cycles Study: Background Document to the Approach and Issues », Report ORNL-M-2500, Oak Ridge National Laboratory, USA.

US EPA (United States Environmental Protection Agency) (2011), « Prospective Study: The Benefits and Costs of the Clean Air Act, 1990 to 2020 », United States Environmental Protection Agency.

US EPA (1999), « Prospective Study: The Benefits and Costs of the Clean Air Act, 1990 to 2010 », United States Environmental Protection Agency.

US EPA (1997), « Retrospective Study: The Benefits and Costs of the Clean Air Act, 1970 to 1990 », United States Environmental Protection Agency.

Van Dingenen, R. et al. (2009), « The global impact of ozone on agricultural crop yields under current and future air quality legislation », *Atmospheric Environment*, vol. 43, n° 3, pp. 604-618.

Vrontisi, Z. et al. (2016), « Economic impacts of EU clean air policies assessed in a CGE framework », *Environmental Science and Policy* n° 55, pp. 54-64.

Walton, H. et al. (2015), *Understanding the Health Impacts of Air Pollution in London*, King's College Londres, www.london.gov.uk/sites/default/files/HIAinLondon_KingsReport_14072015_final_0.pdf (consulté le 3 mai 2016).

Chapitre 2

Cadre d'évaluation des conséquences économiques de la pollution de l'air extérieur

Ce chapitre décrit la méthode utilisée dans le présent rapport pour analyser les conséquences économiques de la pollution de l'air extérieur. Cette méthode repose sur l'analyse des voies d'impact qui se déroule en plusieurs étapes, en partant de l'établissement de projections des émissions de polluants atmosphériques polluants dans l'air extérieur pourra fin de calculer les concentrations des principaux polluants, puis leurs impacts biophysiques sur la santé et sur les rendements des cultures, et enfin déterminer les coûts économiques. Ces derniers sont établis au moyen du modèle ENV-Linkages pour les impacts marchands. Le calcul des impacts non-marchands découlent et des de résultats d'évaluations directes pour les impacts non marchands. Le cadre de modélisation et les techniques économiques utilisés sont présentés à chaque étape.

2.1. Présentation générale du cadre d'évaluation

Le cadre d'évaluation des conséquences économiques de la pollution de l'air extérieur fait le lien entre les projections de l'activité économique, les modifications de la qualité de l'air et leurs conséquences biophysiques et économiques. La modélisation et les projections de ces conséquences étant effectuées dans le cadre d'une méthode « du cheminement d'impact », il est nécessaire de procéder par étapes et de recourir à différentes techniques et cadres de modélisation. Le graphique 2.1 récapitule les différentes étapes de cette approche.

Il importe, dans une première étape, d'adopter un cadre de modélisation économique pour pouvoir établir des projections de l'activité économique, ainsi que des émissions qui en résulteront. Un modèle d'équilibre général calculable (EGC), comme le modèle ENV-Linkages de l'OCDE, est idéal à cet égard, car il permet d'établir des projections de l'activité économique par secteur et par région. Comme indiqué à la section 2.2, les projections de l'activité économique par secteur et par région à l'horizon 2060 reposent sur un ensemble d'évolutions exogènes et de facteurs importants, comme l'évolution démographique et le progrès technologique.

Dans une deuxième étape, les données sur les émissions d'un groupe de polluants atmosphériques sont reliées, chaque année, aux projections précédemment établies des différentes activités économiques. Dans certains cas, les émissions sont directement liées à une phase particulière du processus de production, par exemple la combustion d'énergie fossile. Dans d'autres cas, les émissions sont associées directement au volume de la production. Les projections des émissions qui ne sont pas directement liées à l'activité économique sont, quant à elles, fondées sur des tendances exogènes. Conjointement, ces différentes opérations permettent d'établir des projections des niveaux d'émission par région, comme indiqué à la section 2.3.

Graphique 2.1. **Étapes de l'étude des conséquences économiques de la pollution atmosphérique**

1 PROJECTIONS DES ACTIVITÉS SECTORIELLES

- Le modèle ENV-Linkages de l'OCDE sert à établir des projections des activités sectorielles.

2 PROJECTIONS DES ÉMISSIONS DE POLLUANTS ATMOSPÉHRIQUES

- Les données sur les émissions de polluants atmosphériques sont reliées aux activités sectorielles dans ENV-Linkages pour obtenir des projections des niveaux futurs des émissions cadrant avec la référence économique.

3 CONCENTRATIONS DE POLLUANTS ATMOSPHÉRIQUES

- Le modèle TM5-FASST du Centre commun de recherche de la Commission européenne (CCR-CE) est utilisé pour calculer les concentrations de particules et d'ozone.

4 IMPACTS BIOPHYSIQUES DE LA POLLUTION ATMOSPHÉRIQUE

- Les concentrations de PM2.5 et d'ozone servent à calculer les impacts biophysiques sur la santé (p. ex. le nombre de jours de travail perdus) et sur l'agriculture (p. ex. la modification des rendements).

5 ÉVALUATION DES IMPACTS SANITAIRES DE LA POLLUTION DE L'AIR EXTÉRIEUR

- Des valeurs unitaires sont établies pour chaque effet sanitaire et les impacts marchands sur la santé sont évalués et convertis en coûts économiques (p. ex. les dépenses de santé)

6 IMPACTS MARCHANDS DE LA POLLUTION DE L'AIR EXTÉRIEUR

- Les indicateurs relatifs aux impacts marchands servent à calculer les coûts macroéconomiques de la pollution atmosphérique dans le modèle ENV-Linkages, de manière à obtenir l'effet global sur la croissance économique.

7 COÛTS EN BIEN-ÊTRE DE LA POLLUTION DE L'AIR EXTÉRIEUR

- Les impacts qui ne peuvent être inclus dans le modèle sont évalués à l'aide de techniques basées sur le consentement à payer. Les coûts marchands sont aussi exprimés en coûts d'évaluation et utilisés pour calculer comme des coûts en termes de bien-être.

Dans une troisième étape, les concentrations de $PM_{2.5}$ et d'ozone sont calculées à partir des trajectoires d'émissions des polluants de l'air. Ce calcul fait intervenir un modèle de dispersion atmosphérique et donne lieu à une décomposition des émissions nationales sur une échelle spatiale plus réduite pour déterminer les niveaux des émissions à l'échelon local. Elle produit une « grille » de concentrations pour la période 2010 à 2060, qui sert de base à l'évaluation des impacts sur la santé et sur l'environnement. La section 2.4 donne des explications détaillées du déroulement de cette étape et du cadre de modélisation utilisé.

La quatrième étape donne lieu au calcul des impacts biologiques et physiques résultant de fortes concentrations de $PM_{2.5}$ et d'ozone, pondérées en fonction de la population, au moyen des données sur la population et sur les expositions aux polluants, ainsi que des résultats d'études ayant calibrées les fonctions concentration-réponse (voir la section 2.5). Cette étape regroupe les informations sur les concentrations disponibles à une échelle spatiale réduite afin de les présenter à l'échelon national pour 181 pays dans le cas des $PM_{2.5}$, et de 161 pays dans celui de l'ozone. Une série d'indicateurs permet de présenter les impacts biophysiques en distinguant des effets sur le nombre de jours de travail perdus, le nombre d'admissions à l'hôpital, ainsi que des impacts sur les rendements agricoles.

À la cinquième étape, les conséquences économiques directes des impacts sur la santé publique sont calculées l'échelon national. Cette étape donne lieu au calcul des valeurs unitaires requises pour évaluer chaque impact sur la santé. Par exemple, le nombre d'admissions à l'hôpital est exprimé sous forme de dépenses de santé additionnelles, tandis qu'un coût en termes de bien-être est imputé à chaque décès prématuré. Cette étape est examinée plus en détail à la section 2.6.

Les coûts marchands sont analysés dans une sixième étape au moyen du modèle EGC ENV-Linkages, qui avait été utilisé lors des deux premières étapes. Les impacts directs, représentés par des chocs sur les rendements agricoles, des modifications des dépenses de santé et de la productivité du travail, sont assemblés au niveau des régions du modèle EGC. Ces données servent alors à simuler les conséquences économiques de la pollution de l'air extérieur (voir la section 2.7 pour de plus amples détails). Cette étape rend compte des effets de rétroaction des impacts de la pollution de l'air extérieur sur l'économie, et constitue l'élément fondamental de l'évaluation des conséquences économiques de cette pollution.

La dernière étape, décrite à la section 2.8, quantifie les coûts relatifs aux impacts qui ne sont pas directement associés à une variable économique. Ces coûts non marchands sont évalués par le biais de modifications du bien-être calculées au moyen des résultats d'études évaluant directement le consentement à payer des individus pour réduire les risques sanitaires.

Les impacts qui ont pu être quantifiés parce qu'il existait suffisamment de données fiables et qui sont inclus dans le cadre de modélisation sont ceux qui concernent les modifications des dépenses de santé, les modifications de la productivité du travail liées aux jours de travail perdus, et les modifications des rendements agricoles. Il n'a pas été possible d'inclure dans ce cadre d'autres impacts tels que ceux exercés sur les rendements des activités de sylviculture, sur la biodiversité ou sur le patrimoine culturel, car aucune étude robuste quantifiant les coûts imputables à la pollution de l'air extérieur sur ces effets n'est disponible à l'échelle mondiale.

Á l'instar de l'analyse de l'OCDE proposée dans le rapport sur les répercussions économiques du changement climatique (OCDE, 2015), ces impacts sont introduits dans le modèle EGC au moyen d'une fonction de production. Dans cette approche, chaque impact est associé à une fonction de comportement des agents économiques, fonctions qui constituent l'ossature du modèle. Le cadre général de l'analyse avec une fonction de production est présenté dans Sue Wing et Fisher-Vanden (2013) et une description générale des applications des modèles figure dans Sue Wing et Lanzi (2014). Vrontisi et al., 2016, suivent la même démarche pour évaluer le train de mesures sur la qualité de l'air de l'UE.

Les résultats sont présentés sous la forme des coûts futurs associés à l'inaction en matière de réduction de la pollution de l'air extérieur. Il faudrait quantifier la valeur actualisé nette des coûts et des avantages de chaque mesure et politique particulière, en matière de régulation de la qualité de l'air, pour pouvoir procéder une analyse couts-avantages rigoureuses de ces dernières. Les résultats d'une telle évaluation, qui est omise dans ce rapport, dépendraient fondamentalement du taux d'actualisation retenu pour valoriser les flux futurs de bénéfices nets de ces politiques. Y compris dans la seule partie de l'évaluation des coûts de l'inaction, le rapport n'évalue que les conséquences économiques telles qu'elles se manifestent au cours du temps, et évite de convertir en valeur actualisé nette l'intégralité des coûts futurs, et ce afin d'éviter toute controverse.

Il serait possible, en théorie, d'élargir le cadre de modélisation en introduisant dans la fonction d'utilité l'état de santé des individus, ainsi que d'autres facteurs pertinents. Mayeres et Van Regemorter (2008), par exemple, procèdent de la sorte, mais leur démarche exige l'adoption d'hypothèses « héroïques » concernant la substituabilité de la consommation et les impacts sanitaires et ne considère que les impacts sur la morbidité. Il est en outre pratiquement impossible de trouver des estimations robustes des élasticités de substitution entre les divers éléments entrant dans la fonction d'utilité élargie pour toutes les régions. Les impacts non marchands, comme la valeur économique des décès prématurés ou la désutilité liée à la maladie, sont donc évalués en dehors du cadre du modèle d'équilibre général.

2.2. Évolutions socioéconomiques dans une projection de référence

Le modèle dynamique multisectoriel et multirégional EGC de l'OCDE, ENV-Linkages (voir Chateau et al., 2014 et l'annexe A pour de plus amples détails sur le modèle) permet d'établir des projections de référence socioéconomiques de l'activité économique par secteur et par région jusqu'en 2060. La projection de référence utilisée dans ce rapport ne suppose l'adoption d'aucune nouvelle politique économique au-delà de 2015. Cette projection ne tient pas non plus compte des effets de rétroaction sur l'économie, ni des impacts de la pollution atmosphérique ou des impacts du changement climatique. Cette projection de référence est utilisée pour calculer les coûts futurs de la pollution atmosphérique. Elle est la même que celle utilisée pour évaluer les conséquences économiques du changement climatique dans le rapport OCDE (2015).

L'étude compare ainsi deux projections : la projection « centrale » et la projection de référence. La projection « centrale » prend en considération les effets de rétroaction de la pollution de l'air extérieur sur l'économie. Elle décrit les principales évolutions socioéconomiques, les émissions et les concentrations de polluants atmosphériques, ainsi que leurs impacts sur la santé et sur l'agriculture. Cette projection centrale est comparée à la projection hypothétique de référence qui, elle, fait abstraction de ces effets-retour de la pollution atmosphérique sur l'économie. Cette projection de référence « hors rétroactions » décrit l'évolution de référence qui pourrait être observée si la pollution atmosphérique n'avait pas d'effets de rétroaction sur l'économie, et sert de point de départ aux calculs des émissions et des concentrations de la pollution atmosphérique qui sont ensuite utilisés pour évaluer les impacts et les effets de rétroaction économiques de la projection centrale [1].

Cette démarche vise, non pas à nier le fait que la pollution de l'air extérieur a déjà un impact sur l'économie, mais plutôt à mesurer les conséquences économiques globales de cette pollution. La projection hors rétroactions décrit les pressions exercées par l'activité économique sur l'environnement, en établissant une relation entre l'activité économique, d'une part, et les émissions et les concentrations, d'autre part. La projection centrale prend en compte les impacts correspondants de la pollution atmosphérique, décrit leurs effets de rétroaction sur l'économie et établit des projections de l'évolution de l'activité économique et certains indicateurs comme le produit intérieur brut (PIB). La différence entre les valeurs du PIB produites par ces deux projections représente le coût macroéconomique total de l'inaction face à la pollution de l'air extérieur.

Une projection de référence n'est pas une prévision de la situation future, elle est un scénario plausible décrivant de quelle manière et dans quelle mesure les évolutions économiques et démographiques dominantes se répercuteront sur le développement économique futur, en l'absence de choc imprévu. La projection de référence retenue reflète la poursuite de l'évolution socioéconomique actuelle compte tenu de l'évolution démographique et des tendances de l'urbanisation et de la mondialisation. Elle reflète également la poursuite des politiques en vigueur concernant le climat, l'énergie et la pollution atmosphérique (voir l'encadré 2.1 pour une description générale des mesures de lutte contre la pollution atmosphérique).

Encadré 2.1. **Mesures de lutte contre la pollution de l'air prises en compte dans le scénario de référence**

Les pouvoirs publics appliquent déjà un éventail de moyens d'action pour limiter la pollution de l'air extérieur. Les informations disponibles sur une large gamme d'outils économiques et de démarches volontaires utilisées pour lutter contre la pollution atmosphérique figurent dans la base de données de l'OCDE sur les instruments des politiques de l'environnement (www.oecd.org/env/policies/database). Dans de nombreux pays, les approches réglementaires contraignantes fondées sur des normes sont associées à divers instruments économiques, notamment des taxes et des systèmes de permis négociables. Ces dernières années, plusieurs pays ont également lancé des programmes volontaires de remplacement de fours et d'appareils de chauffage polluants par des appareils fonctionnant au GPL et par des foyers de cuisson améliorés, ainsi que de mise à la casse des anciens véhicules très polluants.

Le processus d'intégration des politiques lancées dans la plupart des pays de l'OCDE pour lutter contre la pollution de l'air s'est intensifié au cours des 10 à 15 dernières années, ce qui a amélioré leur rapport coût-efficacité. À titre d'exemple, le *Clean Air Act* aux États-Unis, l'Accord entre le Canada et les États-Unis sur la qualité de l'air, le train de mesures sur la qualité de l'air de la Commission européenne et les mesures adoptées en Australie (*National Environment Protection Measure for Ambient Air Quality*) définissent tous des normes de qualité de l'air, et mettent l'accent sur la fixation d'objectifs pour divers polluants atmosphériques émanant de sources fixes. Ces cadres d'intervention généraux comprennent des initiatives législatives visant des secteurs spécifiques comme la production d'électricité, les transports, et la demande d'énergie des industries et des ménages. Les exemples de programmes systématiques de lutte contre la pollution de l'air sont moins nombreux dans les économies non-OCDE. Depuis quelques années, les efforts déployés ont essentiellement porté sur des mesures spécifiques visant à contrôler les émissions des transports, par le biais de la fixation de normes et du recours à des instruments économiques.

Encadré 2.1. **Mesures de lutte contre la pollution de l'air prises en compte dans le scénario de référence** *(suite)*

Les projections des émissions présentées dans ce rapport prennent en compte les effets des lois en vigueur tels qu'ils sont décrits par l'Institut international pour l'analyse des systèmes appliqués (IIASA) dans le modèle GAINS d'interactions et de synergies entre les gaz à effet de serre et la pollution atmosphérique (voir la section 2.3 pour de plus amples détails). En principe, toutes les lois pour lesquelles des informations sont disponibles sont prises en compte dans les projections des émissions, si cela est justifié (comme les taxes sur le carburant et les taxes de congestion) par le biais des projections correspondantes de la consommation d'énergie. Les mesures qui n'avaient pas été pleinement mises en œuvre à la fin de 2012, ou dont la poursuite exigeait encore une intervention des pouvoirs publics (comme le 11e plan quinquennal chinois) sont toutefois exclues du scénario de référence. Cette démarche fournit un instantané des effets des politiques sur les émissions actuelles et futures ; elle sert de référence pour l'évaluation des coûts de l'inaction et des avantages de l'action publique et ne reflète aucune opinion concernant les politiques climatiques très récentes et prévues.

L'évolution démographique conditionne dans une large mesure l'activité économique. Les projections démographiques par âge, conjuguées aux projections des taux d'activité et de chômage, permettent de projeter les niveaux d'emploi futurs. Les projections du capital humain, basées sur les projections des niveaux d'instruction par cohorte, conditionnent la productivité du travail. Les projections démographiques concernant notamment les évolutions futures des taux de fécondité, des taux de mortalité et des migrations internationales, sont tirées des Perspectives démographiques des Nations Unies (2012). La base de données sur la main-d'œuvre (taux de participation et taux de chômage par cohorte et par sexe) provient des Perspectives sur la population active de l'OIT (2011) (jusqu'à 2020) et des Statistiques de la population active : projections de la population de l'OCDE (2011).

Les groupes régionaux définis pour ENV-Linkages sont utilisés pour le calcul de l'activité économique, des émissions de polluants atmosphériques et des effets de rétroaction de la pollution sur l'économie (les calculs des concentrations et des impacts biophysiques sont basés sur des catégories plus détaillées ; voir les sections 2.4 et 2.5). Comme le montre le tableau 2.1, ENV-Linkages considère 12 grands pays et 13 groupes de pays (régions) constitués en fonction d'un ensemble de caractéristiques géographiques et économiques. À des fins d'illustration, certains graphiques et tableaux présentés dans ce rapport regroupent les 25 régions de base en huit « ensembles régionaux » bien que l'analyse soit, dans tous les cas, effectuée au niveau des 25 régions.

Les projections macroéconomiques établies pour les pays de l'OCDE cadrent avec celles de l'OCDE (2014c). Les projections de la structure de l'économie, en particulier des évolutions sectorielles futures, sont essentielles à l'analyse présentée dans ce rapport, car elles déterminent en grande partie les projections des émissions de polluants atmosphériques. Les hypothèses sectorielles revêtent une importance particulière puisque les sources d'émission sont liées unes par unes aux différentes activités économiques portant sur les secteurs et les biens. Par exemple, la demande finale d'énergie et la production d'électricité ont un impact sur les émissions de différents polluants atmosphériques provenant des processus de combustion, tandis que les émissions agricoles, en particulier de NH_3, sont liées aux processus de production agricole.

Les projections des intensités énergétiques sectorielles à l'horizon 2035 correspondent à celles projetées dans le scénario dit « *Politiques actuelles* » du World Energy Outlook

(AIE, 2013). Au-delà de 2035, les tendances établies par l'Agence International de l'Énergie (AIE) sont extrapolées de manière à cadrer avec la référence macroéconomique au cours des périodes suivantes. Dans les pays en rapide expansion, comme la République populaire de Chine (« la Chine » dans la suite du document),), l'Inde et l'Indonésie, les projections de l'AIE indiquent une augmentation de la consommation de charbon durant les prochaines décennies. Dans les pays de l'OCDE, notamment aux États-Unis, le charbon devrait faire place au gaz, surtout pour la production d'électricité. En parallèle, l'efficacité énergétique progresse de façon suffisante pour assurer un « découplage » relatif de la consommation d'énergie et de la croissance économique, selon la projection de l'AIE ceci ne se produira dans les pays émergents pas avant les prochaines décennies. L'accroissement absolu de la demande finale d'énergie est dû à l'électricité et aux transports, en particulier dans les pays émergents. Dans le droit fil des tendances décrites dans le scénario *Politiques actuelles* de l'AIE, il est posé en hypothèse que l'électrification des modes de transport demeure limitée à l'échelle mondiale.

Tableau 2.1. **Groupes régionaux d'ENV-Linkages**

Ensembles régionaux	Pays et régions inclus dans le modèle ENV-Linkages
OCDE Amérique	Canada Chili États-Unis Mexique
OCDE Europe	Quatre grands UE (Allemagne, France, Italie, Royaume-Uni) Autre UE OCDE (autres pays de l'UE membres de l'OCDE) Autre OCDE (Islande, Norvège, Suisse, Turquie, Israël)
OCDE Pacifique	Océanie (Australie, Nouvelle-Zélande) Corée Japon
Reste de l'Europe et de l'Asie	Chine UE non-OCDE (pays membres de l'UE non membres de l'OCDE) Russie Région Caspienne Autre Europe (pays européens non membres de l'UE et non membres de l'OCDE
Amérique latine	Brésil Autre Amérique latine (autres pays d'Amérique latine)
Moyen-Orient et Afrique du Nord	Afrique du Nord Moyen-Orient
Asie du Sud et du Sud-Est	Inde Indonésie ANASE 9 (autres pays de l'ANASE) Autre Asie (autres pays en développement d'Asie)
Afrique subsaharienne	Afrique du Sud Autre Afrique (autres pays d'Afrique)

Les projections de l'évolution des rendements agricoles (production physique de plantes cultivées à l'hectare) ainsi que les principales modifications des demandes de biens agricoles et alimentaires ressortant du modèle ENV-Linkages sont calées sur la projection de référence du modèle IMPACT de l'Institut international de recherche sur les politiques alimentaires (IFPRI) (Rosegrant et al., 2012). Par soucis de cohérence la projection du modèle IMPACT utilisée a été effectuée sur la base des mêmes projections du scénario de référence socioéconomique que celle utilisées dans ENV-Linkages. Ici aussi la projection du modèle IMPACT fait abstraction des effets de rétroaction du changement climatique sur les rendements agricoles. Le modèle agricole sous-jacent utilisé pour obtenir les projections du modèle IMPACT est le modèle DSSAT (Jones et al., 2003). Le modèle IMPACT ne permettant d'établir de projections que jusqu'à 2050, il a été procédé à une extrapolation linéaire des tendances jusqu'à 2060. Les projections détaillées de la consommation et de la production agricole établies au moyen du modèle IMPACT ont été regroupées et intégrées dans ENV-Linkages. Selon les projections, la population augmentera de 50 % entre 2010 et 2060, tandis que le revenu moyen par habitant fera plus que doubler. La production agricole, mesurée en valeur ajoutée réelle générée par le secteur agricole, augmentera également de plus du double à l'horizon 2060 en raison, notamment, d'une modification des régimes alimentaires en faveur de produits de plus haute valeur. Ce fort accroissement de la production agricole se caractérisa par une augmentation de la part de la production venant des pays africains tandis que la part de marché des pays de l'OCDE devrait diminuer.

En principe, les effets de rétroaction du changement climatique sur les rendements agricoles pourraient remettre en cause les améliorations de la sécurité alimentaire dans le monde indiquées par les projections. Ces effets de rétroaction sont décrits de manière détaillée dans OCDE (2015), mais ils n'ont pas été pris en compte dans les calculs présentés dans ce rapport qui est consacré à l'examen des impacts de la pollution atmosphérique. Une analyse intégrée des effets de rétroaction du climat et de la pollution devra faire l'objet d'études ultérieures, mais les interactions entre ces deux phénomènes sont examinées à la section 4.2.

2.3. Des activités économiques à l'émission de polluants atmosphériques

Les émissions de polluants atmosphériques ont été prises en compte dans le modèle ENV-Linkages et reliées aux activités de production dans différents grands secteurs. Les principales sources d'émission sont la production d'électricité et la consommation d'énergie par les secteurs industriels en raison de la combustion de combustibles fossiles ; l'utilisation de certains engrais dans les productions agricoles ; les transports, surtout du fait de la consommation de combustibles fossiles dans les transports routiers ; et les émissions du secteur résidentiel et du secteur commercial.

Cette étude intègre les estimations relatives à certains polluants atmosphériques : le dioxyde de soufre (SO_2), les oxydes d'azote (NO_x), le carbone noir (CN), le carbone organique (C_{org}), le monoxyde de carbone (CO), les composés organiques volatils (COV) et l'ammoniac (NH_3). Bien que cette liste ne contienne pas tous les polluants atmosphériques, elle inclut les principaux précurseurs des particules et de l'ozone troposphérique, dont les impacts, tant sur la santé que sur les rendements agricoles, sont les plus marqués.

Les données sur les polluants atmosphériques utilisés dans le présent rapport sont extraites du modèle GAINS (*Greenhouse Gas and Air Pollution Interactions and Synergies*) (Amann et al., 2011 et 2013 ; Wagner et al., 2007 et 2010 ; Wagner et Amann, 2009) mis au point à l'Institut international pour l'analyse des systèmes appliqués (IIASA). Ce modèle estime les valeurs des émissions des périodes passées à partir de statistiques internationales énergétiques et industrielles (notamment la base de données EDGAR), des facteurs d'émissions tirés d'études revues par un comité de lecture et de campagnes d'évaluation, et d'informations sur la mise en œuvre de la législation environnementale. Si leur couverture globale et leur comparabilité à l'échelle internationale revêtent une importance extrême, les résultats sont comparés aux inventaires nationaux et internationaux des émissions qui sont soit publiés dans des études revues par un comité de lecture, soit communiqués par les pays aux organisations internationales dans le cadre des engagements en vigueur, comme la Convention sur la pollution atmosphérique transfrontière à longue distance (LRTAP), le Protocole de Kyoto à la Convention-cadre des Nations Unies sur les changements climatiques (CCNUC), et la législation de l'UE. Le modèle GAINS incorpore toutes les grandes sources d'émission connues et considère jusqu'à quelque 2 000 combinaisons secteur-combustible-technologie pour chacun des 170 pays et régions qu'il couvre.

Les projections des émissions du modèle GAINS utilisées dans le cadre de ce projet sont celles du scénario « *Législations actuelles* ». Ce scenario décrit la pollution atmosphérique compte tenu des législations en vigueur dans l'hypothèse où les normes requises peuvent être respectées au moyen des technologies existantes. Ces projections sont basées sur des niveaux d'activité et de consommation d'énergie correspondant à ceux considérés dans World Energy Outlook 2011 (AIE, 2011), mais elles ont été calibrées en fonction de projections plus récentes de la demande d'énergie établies dans le cadre du scénario de référence d'ENV-Linkages. Les projections du modèle GAINS utilisées pour ce projet sont celles qui ont été préparées pour le projet LIMITS du Septième programme-cadre (7e PC) de l'UE (voir, par exemple, Rao et al., 2016; Kriegler et al., 2013). Le projet LIMITS est un important exercice comparatif basé sur la modélisation des interactions entre les politiques climatiques et d'autres aspects environnementaux, comme la pollution atmosphérique et la sécurité énergétique[2].

Le scénario *Législations actuelles* utilisé dans cette analyse repose sur les mesures de lutte contre la pollution atmosphérique en vigueur à la fin de 2010. Il ne prend donc pas en compte certaines évolutions importantes survenues ces dernières années. Le 11e plan quinquennal chinois et la législation correspondante, par exemple, n'est pas considéré dans la version actuelle du scénario du modèle GAINS car, si les normes étaient déjà publiées en 2010, les textes de loi et les plafonds d'émissions (devenus plus restrictifs pour les émissions de SO_2 et de NO_X du secteur de l'électricité et des chaudières industrielles) qui sont nécessaires à une évaluation multisectorielle des facteurs d'émission n'ont été adoptés que par la suite.

Les coefficients d'émission ont été calculés à partir des projections du modèle GAINS jusqu'en 2050. Ils ont été établis par secteur et par région de manière à prendre en compte les différents taux d'adoption des technologies requises pour respecter les lois régissant les niveaux d'émission dans chaque secteur et dans chaque région. Ces coefficients se modifient aussi au cours du temps en fonction des progrès technologiques, de l'évolution de la structure par âge du stock de capital (les anciennes générations de matériels faisant place aux dernières générations par suite des mesures environnementales) et de l'effet des politiques en vigueur. Il est posé en hypothèse que les coefficients d'émission (mais non les émissions totales) demeurent constants entre 2050 et 2060.

Les coefficients d'émission sont liés aux niveaux d'activité économique indiqués par les projections et par le scenario de référence. Les coefficients des émissions des processus de combustion dans les secteurs industriels et les transports et des émissions associées à la demande d'énergie résidentielle et commerciale sont calculés et reliés aux quantités de combustibles fossiles[3]. D'autres émissions sont directement liées à la production (notamment la production agricole, de ciment et de métaux ou de déchets). Enfin, certaines sources d'émissions sont incluses de manière exogène dans le modèle, car il n'a pas été possible de les imputer à des activités économiques particulières. C'est le cas notamment des émissions des biocombustibles. Les émissions provenant du brûlage de forêts, de terres agricoles et de savanes n'ont pas pu être prises en compte, car il est difficile d'établir des projections pour les années à venir. Les émissions associées à la combustion des soutes internationales (dans les transports aériens et maritimes) n'ont pas non plus été considérées parce qu'elles ne sont pas incluses dans la base de données de GAINS, bien que les effets des combustibles de soute sur les concentrations locales puissent être significatifs dans certaines régions côtières. Il s'ensuit que, malgré la prise en compte des principales sources d'émission, les émissions totales de polluants atmosphériques sont probablement sous-estimées.

2.4. Des émissions aux concentrations de polluants atmosphériques

Les projections des émissions de gaz précurseurs servent à calculer les concentrations correspondantes de $PM_{2.5}$ et d'ozone troposphérique (O_3). Des concentrations élevées de $PM_{2.5}$ et d'O_3 ont des effets marqués sur la santé humaine et sur l'environnement. Comme indiqué à la section 1.3, il n'a pas été possible de considérer les impacts du NO_2 sur la santé dans l'analyse.

Les concentrations d'ozone et de $PM_{2.5}$ ont été calculées au moyen du modèle TM5-FASST (*Fast Scenario Screening Tool*) du Centre commun de recherche de la Commission européenne (CCR-CE), qui a également été utilisé, par exemple par le PNUE (2011), dans le cadre du projet LIMITS du Septième programme-cadre (7e PC) de l'UE (Rao et al., 2016 ; Kriegler et al., 2013) et des études sur la charge mondiale de morbidité (Forouzanfar et al., 2015, et Brauer et al., 2016). TM5-FASST est une variante sous forme réduite de TM5 CTM (Krol et al., 2005 ; Huijnen et al, 2010), modèle imbriqué de chimie atmosphérique et de transport à l'échelle mondiale à trois dimensions, qui simule les composantes constituées par l'ozone et les aérosols avec une résolution spatiale de 1°×1°[4]. TM5-FASST repose sur une série de fonctions linéaires de réponse aux émissions-concentrations pour 56 régions sources d'émissions (Leitao et al., 2015), qui établissent une relation entre les émissions des précurseurs SO_2, NO_x, CO, CN, C_{org}, COV et NH_3 et les concentrations des polluants O_3 et $PM_{2.5}$ qui en résultent. De plus amples informations sur le modèle TM5-FASST sont présentées à l'annexe B.

Bien que les concentrations soient calculées à partir des projections des émissions provenant d'ENV-Linkages, TM5-FASST inclut également une composante naturelle fixe pour les poussières transmises par le vent et le sel marin, et considère donc des sources de pollution aussi bien naturelles qu'anthropiques. Si les poussières et le sel marin abondent surtout dans des régions faiblement ou non peuplées, ces particules peuvent être transportées par le vent de sorte qu'il est important de les prendre en considération. TM5-FASST utilise également les projections climatiques dans le calcul des concentrations, car les conditions climatiques influencent les réactions chimiques entre les polluants et, par conséquent, les concentrations. Le scénario RCP8.5 (Riahi et al., 2007) a été utilisé dans le cadre de ce projet, car c'est celui qui cadre le mieux avec les projections des émissions de gaz à effet de serre d'ENV-Linkages et de la hausse moyenne des températures ; il a par ailleurs été antérieurement utilisé comme scénario climatique de référence pour l'analyse des conséquences économiques du changement climatique (OCDE, 2015).

Étant donné que les impacts sont fonction de l'exposition, l'étude considère les concentrations moyennes pondérées en fonction de la population plutôt que les concentrations moyennes pour des régions affichant des densités de population très différentes. Le calcul, à l'échelon national, des concentrations moyennes de $PM_{2.5}$ pondérées en fonction de la population repose sur les concentrations spatiales et des cartes démographiques qui reproduisent de manière approximative le paysage urbain (Rao et al., 2012). Le modèle TM5-FASST prend également en considération les projections démographiques et l'urbanisation, ce qui est crucial, car les concentrations pondérées en fonction de la population doivent aussi refléter les niveaux d'exposition dus à l'urbanisation.

Les projections des émissions générées par le modèle ENV-Linkages sont introduites dans le modèle TM5-FASST pour chacun des précurseurs, régions et secteurs considérés dans ce dernier. Les contributions sectorielles de chaque polluant primaire sont aussi détaillées que possible, une distinction étant faite, par exemple, entre les émissions émanant des transports, de l'offre et de la demande d'énergie, du secteur résidentiel et du secteur commercial, de l'agriculture, de l'industrie et des produits chimiques. Cette catégorisation sectorielle est employée dans le modèle atmosphérique fin d'associer les émissions à des sites particuliers et d'estimer l'accroissement local en milieu urbain des émissions primaires de $PM_{2.5}$ associées aux transports et au secteur résidentiel.

Un processus de redéfinition cartographique (*remapping*) est utilisé pour décomposer les projections des émissions établies pour les 25 régions d'ENV-Linkages au niveau plus détaillé des 56 régions sources requises pour le modèle TM5-FASST. Cette opération s'appuie sur les données disponibles concernant les émissions communiquées par différents pays et incluses dans une série établie pour une grille de référence, en l'occurrence RCP8.5 (Riahi et al., 2007), pour produire une projection approximant la projection de référence calculée dans le cadre de la présente étude. Le processus consiste, premièrement, à utiliser le ratio entre les contributions de tous les pays inclus dans une région donnée d'ENV-Linkages et les émissions dans la région du RCP8.5 pour ventiler les émissions des régions ENV-Linkages entre les différents pays de ces régions et, deuxièmement, à regrouper les émissions des pays au niveau des 56 régions sources de TM5-FASST.

Les concentrations de $PM_{2.5}$ utilisées pour les calculs des impacts sur la santé sont quantifiées en tant que valeurs des $PM_{2.5}$ par pays, pondérées en fonction de la population. TM5-FASST produit différentes mesures des impacts de l'ozone. Celle qui se prête le mieux à l'évaluation de l'impact d'O_3 sur la santé humaine est la moyenne maximale horaire diurne d'ozone sur six mois (M6M). Pour évaluer les dommages causés aux cultures, il est procédé au calcul de la moyenne des impacts à partir d'AOT40, qui est la quantité d'ozone accumulée par heure au-dessus de 40 parties par milliard durant une saison de végétation de trois mois, et de M12, qui est la concentration moyenne diurne (12 heures) d'ozone également durant une saison de végétation de trois mois. Ces indicateurs des concentrations de $PM_{2.5}$ et d'ozone servent de point de départ aux calculs des impacts sur la santé et sur les rendements agricoles.

2.5. Des concentrations aux impacts sur la santé et sur l'agriculture

Les *impacts* des $PM_{2.5}$ et d'O_3 *sur la santé* évalués dans le cadre de cette analyse sont les suivants : mortalité, admissions à l'hôpital pour des maladies respiratoires ou cardiovasculaires, cas de bronchite chronique chez les adultes et chez les enfants ($PM_{2.5}$ uniquement), nombre de jours de travail perdus ($PM_{2.5}$ uniquement), nombre de jours d'activité restreinte et nombre de jours d'activité légèrement restreinte en raison de symptômes d'asthme ($PM_{2.5}$ uniquement). Cet échantillon d'impacts a été constitué sur la base des recommandations formulées par l'Organisation mondiale de la santé (OMS) dans le cadre de l'étude HRAPIE (*Health risks of air pollution in Europe*) (OMS, 2013). Bien qu'ils constituent l'essentiel des impacts économiques reconnus de la pollution atmosphérique sur la santé, d'autres impacts existent, qui n'ont pas pu être calculés en raison de l'insuffisance des données disponibles (voir le chapitre 1).

Les effets de la pollution atmosphérique sur la santé sont évalués au moyen de fonctions concentration-réponse, qui établissent un lien entre les impacts sur la santé et les concentrations moyennes de $PM_{2.5}$ et d'O_3. Ces fonctions sont généralement estimées par une analyse de régression de la fréquence des impacts sur la santé par rapport aux concentrations de polluants atmosphériques pondérés en fonction de la population, compte tenu de facteurs tels que la température, l'humidité relative, la vitesse du vent et la saison.

Pour établir des projections des impacts de la pollution atmosphérique sur la santé, il faut aussi déterminer quels seront les degrés d'exposition à l'avenir. Il importe donc de disposer d'informations sur les projections démographiques, ainsi que sur la structure démographique de la population et la manière dont elle devrait évoluer. Les calculs des impacts sur la santé ont été effectués à partir des projections démographiques et de population de l'ONU (2012), qui cadrent avec les données utilisées pour le scénario de base du modèle ENV-Linkages et les projections macroéconomiques à long terme de l'OCDE (OCDE, 2014c).

Les impacts des $PM_{2.5}$ sur la mortalité évalués dans le cadre de cette étude pour l'année de référence (2010) ont été calculés à partir des résultats de Forouzanfar et al. (2015) et de Brauer et al. (2016)[5]. Ceux de l'ozone sont basés, pour cette même année, sur les travaux antérieurs de Lim et al. (2012) et de Burnett et al. (2014). Bien que des résultats plus récents des impacts de l'ozone sur la santé soient présentés dans Forouzanfar et al. (2015), ce sont ceux de Lim et al. (2012) qui ont été employés dans ce rapport. Compte tenu de l'effet prédominant des impacts des $PM_{2.5}$, l'emploi d'estimations plus anciennes des effets de l'ozone n'influence que marginalement les coûts totaux de la pollution de l'air extérieur calculés dans le présent rapport.

Forouzanfar et al. (2015) utilisent une fonction de réponse non linéaire pour la mortalité due aux particules, dans laquelle le taux d'accroissement de la mortalité diminue au fur et à mesure que les concentrations de particules augmentent (voir l'encadré 2.2 pour une

Encadré 2.2. **Étude sur la charge mondiale de morbidité**

L'étude sur la charge mondiale de morbidité (CMM) présente une méthode de quantification de détérioration de la santé due à une centaine de maladies, traumatismes et facteurs de risque. Elle est la plus importante et la plus détaillée menée à ce jour pour mesurer les niveaux et les évolutions épidémiologiques à l'échelle mondiale (www.healthdata.org/gbd).

L'Initiative CMM remonte au début des années 1990, lorsque l'étude sur la CMM initiale a été entreprise à la demande de la Banque mondiale (Rapport sur le développement dans le monde 1993 : Investir dans la santé). Les travaux relatifs à la CMM ont été menés dans le cadre de l'Organisation mondiale de la santé (OMS) qui continue d'en actualiser les résultats.

L'étude sur la charge mondiale de morbidité a fait l'objet d'une mise à jour complète en 2010 www.healthdata.org/node/1366; de nouvelles estimations effectuées à partir de séries chronologiques complètes allant de 1990 à 2010 et une explication des méthodes utilisées ont été publiées dans le numéro de décembre 2012 de la revue *The Lancet* (voir Lim et al., 2012). Bien que des travaux en ce domaine aient été menés antérieurement, principalement par des chercheurs de Harvard et de l'OMS, l'étude sur la CMM de 2010 a bénéficié de la collaboration de près de 500 épidémiologistes, statisticiens et autres spécialistes venant du monde entier.

Grâce au rôle coordinateur du réseau international des contributeurs aux études sur la CMM joué par l'Institute for Health Metrics and Evaluation (IHME), toutes les séries chronologiques utilisées pour les estimations de la CMM sont régulièrement mises à jour de manière à produire des informations détaillées sur l'état de santé de la population (IHME, 2015). La première mise à jour, à savoir l'étude sur la CMM de 2013 (voir, entre autres, Forouzanfar et al., 2015 et Brauer et al., 2016), développe la méthode, élargit les séries de données et la gamme des instruments utilisés dans le cadre de l'étude sur la CMM de 2010, et présente des estimations de la mortalité de toutes causes, des décès par cause, des années de vie perdues, des années vécues avec une incapacité et des années de vie ajustées en fonction de l'incapacité, par pays, par âge et par sexe. Ces estimations couvrent 323 maladies et traumatismes, 67 facteurs de risque et 1 500 séquelles dans 188 pays. Elle est le fruit des travaux de plus d'un millier de chercheurs d'une centaine de pays.

présentation générale des études sur la charge mondiale de morbidité). L'adoption de cette hypothèse produit des projections plus basses de la mortalité. Les projections hautes sont établies à partir d'une relation linéaire entre la mortalité et les concentrations. Cette gamme de projections témoigne des incertitudes potentiellement importantes qui caractérisent la formulation de la relation non linéaire.

Différentes données sont nécessaires, notamment sur la relation concentration-réponse, sur les effectifs de population exposés à un risque et sur la prévalence de la morbidité, pour quantifier les effets sur la morbidité. Les informations à ce niveau n'étant disponibles que pour un petit nombre de pays, l'étude quantifie les effets sur la morbidité en extrapolant les résultats d'études réalisées pour le train de mesures sur la qualité de l'air de la Commission européenne (Holland, 2014a; Commission européenne, 2013) dans lesquelles les facteurs de multiplication recommandés dans l'étude HRAPIE de l'OMS (2013b) sont appliqués à la mortalité globale résultant d'une exposition à des polluants. Pour assurer la cohérence des résultats, il est procédé à une correction pour prendre en compte les différences entre les décès globaux quantifiés par Holland (2014a) et les estimations de la mortalité due à des causes particulières provenant de Forouzanfar et al. (2015). Il serait idéal d'inclure dans l'analyse les modifications des comportements (par exemple les régimes alimentaires, le tabagisme, etc.), les transformations sociales (soins de santé et emploi, etc.) et les changements intervenant dans le domaine médical (transformations des systèmes de soins de santé et modifications des traitements des maladies, etc.) au cours du temps et selon les régions, mais cela n'est pas possible faute de données suffisantes pour l'ensemble du monde. De plus amples détails sur la méthodologie utilisée pour calculer les impacts sur la santé sont présentés à l'annexe C.

Les *modifications des rendements agricoles* sont estimées par la méthode décrite dans Van Dingenen et al. (2009). Les pertes enregistrées pour les cultures du riz, du blé, du maïs et du soja sont calculées au moyen de TM5-FASST à partir des concentrations d'ozone durant la saison de végétation[6]. Les données sur la saison de végétation et les rendements agricoles proviennent des Zones agroécologiques mondiales (GAEZ, version 3) (FAO/IIASA, 2012). Les données sur la saison de végétation du blé et du riz sont disponibles pour différentes variétés (blé de printemps, blé d'hiver / riz sec, riz irrigué); les données sur les rendements ne sont toutefois présentées que pour tous les types de blé confondus. Dans le cas du maïs et du soja, les séries de données ne sont disponibles que pour une saison de végétation unique. Ces pertes ont été calculées sur la base de l'hypothèse selon laquelle le blé est constitué intégralement de blé de printemps ou de blé d'hiver. La même hypothèse a été retenue dans le cas du riz. Les calculs figurant dans le présent rapport ont été effectués sur la base des moyennes des valeurs obtenues lorsque l'on considère que toutes les cultures sont des cultures de printemps ou celles d'hiver (une analyse de sensibilité est présentée au chapitre 4). Il importe de noter que les projections des modifications des rendements agricoles sont moins robustes que les projections des impacts sur la santé car le nombre d'études scientifiques réalisées en ce domaine est beaucoup plus faible. Les modifications des rendements agricoles sont exprimées en variations en pourcentage par rapport aux projections hors rétroactions d'ENV-Linkages de manière à assurer la cohérence avec ces dernières.

Les modifications des rendements agricoles qui ne sont pas prises en compte dans les calculs effectués au moyen du modèle TM5-FASST sont projetées à partir des informations présentées dans Mills et al. (2007) suivant la méthode utilisée, notamment, par Chuwah et al. (2015) : les rendements de ces cultures sont basés sur leur sensibilité relative à l'ozone par comparaison au riz. Mills et al. (2007) ont ainsi déterminé que le sucre a une sensibilité environ 1.5 fois plus élevée que le riz; il a donc été posé en hypothèse que les projections des impacts sur les rendements pour chaque région considérée dans ENV-Linkages correspondent aussi à 1.5 fois celle du riz. Bien qu'elle soit extrêmement approximative, cette méthode permet de prendre en compte toutes les cultures et d'éviter les graves distorsions des projections qui pourraient résulter de données manquantes.

2.6. Valeurs unitaires pour l'analyse des impacts sur la santé

L'évaluation des impacts de la pollution de l'air extérieur sur la santé publique prend en compte la mortalité et la morbidité. Il est possible de calculer le montant total des coûts sanitaires en multipliant les impacts sur la santé (par exemple, les admissions à l'hôpital, le nombre de cas de maladie ou le nombre de décès prématurés) par des estimations appropriées de la valeur unitaire de chaque impact (par exemple, la valeur économique d'une admission à l'hôpital, d'un cas de maladie ou d'un décès prématuré).

Différentes techniques peuvent être employées pour établir les valeurs unitaires : ces dernières peuvent être estimées par une méthode basée sur le coût de la maladie et/ou par des techniques d'évaluation monétaire directe comme les méthodes de la préférence déclarée (PD) ou de la préférence révélée (PR), qui permettent d'évaluer le consentement à payer (CAP) pour réduire les risques environnementaux. La méthode du coût de la maladie et les techniques d'évaluation directe sont généralement employées dans différents contextes. Les analyses coûts-efficacité (ACE) ont souvent recours à la méthode du coût de la maladie pour justifier en termes économiques le rationnement des ressources en soins de santé dans le cadre de politiques ou de programmes envisagés. Dans le cas présent, les avantages des investissements dans ces ressources sont exprimés en nombre de cas de maladie évités, ou au moyen d'un indice comme le nombre d'« années de vie corrigées de la qualité » (AVCQ) gagnées. Les économistes évaluent, par contre, fréquemment ces avantages sur la base du CAP dans le cadre d'analyses coûts-avantages (ACA) qui permettent de comparer les coûts et les avantages totaux des projets et des politiques considérés au moyen d'un indice monétaire commun.

La méthode du coût de la maladie consiste à estimer la charge imposée par la maladie à la société en quantifiant l'intégralité des coûts correspondants qui peuvent être associés à des opérations marchandes ou à des transactions financières. Ces coûts comprennent des « coûts directs » (comme les coûts des soins de santé, les dépenses au titre de médicaments et de fournitures médicales) et les « coûts indirects » (comme la valeur de la productivité perdue par suite de la réduction du temps de travail). La méthode du coût de la maladie ne prend en compte aucun des coûts qui n'ont pas de valeur marchande ou négociable, comme les coûts de la douleur et de la souffrance. L'emploi de cette méthode fait abstraction d'un aspect des pertes engendrées par la mortalité et la morbidité qui peut être important pour les individus. Par exemple, cette méthode évalue un décès prématuré par la production future potentielle de la personne décédée, et fait donc abstraction d'autres aspects du décès prématuré et des valeurs monétaires correspondantes.

Les techniques de la préférence déclarée et de la préférence révélée visent généralement, en revanche, à estimer les coûts en bien-être de la maladie ou du risque de décès prématuré en privilégiant les coûts non marchands. Les méthodes PD (notamment les évaluations contingentes ou la modélisation des choix) consistent à demander à des personnes interrogées dans le cadre d'enquêtes combien ils seraient prêts à payer pour réduire leur risque de mortalité. Les méthodes PR examinent les comportements sur le marché pour déterminer les préférences des individus. Les méthodes des « prix hédoniques », en particulier, considèrent le comportement des individus sur des marchés dont les prix reflètent les disparités entre les risques de mortalité (comme le marché du travail sur lequel les salaires incorporent les différences entre les niveaux de risque de mortalité au travail) tandis que les méthodes considérant les mesures prises pour « éviter les coûts » visent les marchés de produits qui réduisent le risque de mortalité (comme l'achat de casques par les motocyclistes pour réduire le risque de décès en cas d'accident de la circulation).

Bien que toutes les méthodes PD et PR aient des avantages et des inconvénients, les méthodes PD sont de plus en plus employées depuis quelques années (OCDE, 2012), en particulier pour les impacts environnementaux. Elles sont très utiles pour évaluer les coûts économiques totaux des impacts sur la santé ou sur l'environnement, mais elles ne produisent généralement pas des estimations aussi précises que la méthode du coût de la maladie. Les techniques des préférences déclarées – qui se fondent sur les réponses à des enquêtes – peuvent en effet être source de distorsions et de difficultés. Il faut savoir, avant de décider d'utiliser les résultats d'enquêtes PD, que les personnes à qui il est demandé quel serait leur consentement à payer pour réduire leur risque de décéder prématurément peuvent avoir des antécédents ou des risques initiaux différents (le risque perçu de « mourir de toute manière »). La prise en compte de facteurs explicatifs peut alors atténuer cette difficulté. Les réponses au questionnaire ne constituent en outre pas un engagement réel – le montant déclaré est purement théorique, ce qui est une source majeure de distorsion. Les rapports de l'OCDE (2006 et 2012) donnent une description générale des caractéristiques et des lacunes des études relatives à ce type d'évaluation.

Bien que les méthodes du coût de la maladie et des évaluations directes visent toutes à imputer un coût économique aux cas de maladie, les estimations produites par ces méthodes diffèrent fortement les unes des autres, car elles mesurent deux aspects différents du même concept. Chestnut et al. (2006), qui estiment les avantages économiques d'une réduction du nombre d'hospitalisations pour des maladies respiratoires et cardiovasculaires au moyen de la méthode du coût de la maladie et d'une technique PD, donnent un exemple des disparités entre les évaluations produites par cette méthode. Selon les estimations par le CAP, les individus attribuent une valeur de l'ordre de 2 400 USD à la prévention d'une hospitalisation de cinq jours tandis que les estimations moyennes du coût total de la maladie par hospitalisation sont comprises entre 22 000 USD et 39 000 USD.

Bien qu'il soit difficile d'associer les deux méthodes parce que certains éléments pourraient être comptabilisés deux fois et que les estimations ne sont pas comparables, cette manière de procéder a l'avantage de permettre de mieux évaluer le coût total pour la société de la pollution atmosphérique. Stieb et al. (2002) combinent les données empiriques sur la durée et la gravité des cas de maladies cardiorespiratoires avec le coût du traitement, la productivité perdue et le CAP pour éviter des problèmes cardiorespiratoires liés à la pollution atmosphérique.

Le consentement à accepter (CAA) est une variante du CAP qui impute des valeurs monétaires à la mortalité et à la désutilité liée à la maladie. Le recours au CAA produit généralement des estimations plus élevées (Horowitz et McConnell, 2002), en partie parce que les personnes répondant à une enquête sur le CAA ne sont pas assujetties à une contrainte de revenu. Les personnes interrogées peuvent donc, surtout en ce qui concerne le risque de mortalité, indiquer des valeurs irréalistes. Les enquêtés répondent par ailleurs fréquemment « Je ne sais pas » ou fournissent une réponse de protestation lorsqu'il leur est demandé d'accepter une augmentation du risque de mortalité (OCDE, 2012). L'OCDE (2006) présente une comparaison détaillée de ces deux concepts ainsi que des raisons théoriques et pratiques d'utiliser la technique du CAP.

Établissement de valeurs unitaires pour la mortalité

L'évaluation des impacts sur la mortalité dans ce rapport est exclusivement basée sur les résultats d'études PD et, plus particulièrement, sur des estimations de la « valeur d'une vie statistique » (VVS) (l'encadré 2.3 présente une analyse de l'évaluation des décès prématurés dus à la pollution atmosphérique). Cet indicateur, qui existe de longue date, peut être quantifié par l'évaluation agrégée du consentement à payer (CAP) des individus pour obtenir une réduction marginale du risque de décès prématuré sur une période donnée (voir OCDE, 2012 et OCDE, 2014a). Le recours exclusif à une évaluation monétaire directe signifie que certains coûts indirects associés aux décès prématurés pourraient ne pas être pris en compte. Il est en effet peu probable que les personnes répondant aux enquêtes considèrent des coûts tels que les répercussions économiques de la productivité perdue sur l'économie (pour la population active). Il est néanmoins vraisemblable que ces coûts sont une composante mineure de la valeur qui peut être associée au décès prématuré d'un individu.

Encadré 2.3. **Évaluation des décès prématurés à partir de la valeur d'une vie statistique**

Le calcul de la valeur d'une vie statistique (VVS) est l'une des procédures les plus couramment employées pour évaluer les risques dans le cadre de la théorie économique classique (OCDE, 2006). La VVS est dérivée de l'évaluation agrégée du consentement à payer indiqué par les individus pour obtenir une réduction marginale du risque de décès prématuré sur une durée de vie déterminée.

La VVS est généralement obtenue au moyen de techniques de préférence déclarée, bien que les techniques de préférence révélée soient aussi utilisées. Alberini et al. (2016) présente les différentes méthodes appliquées pour déterminer la VVS, ainsi que leurs caractéristiques et leurs inconvénients.

L'OCDE (2012) décrit le processus de base suivi pour calculer une VVS à partir d'une enquête sur les préférences déclarées. Supposons que l'enquête produise un CAP moyen de 30 USD pour ramener le risque annuel de décéder de la pollution atmosphérique de 3 pour 100 000 à 2 pour 100 000. Cela signifie que chaque personne consent à payer 30 USD pour réduire le risque de 1 pour 100 000. Dans l'exemple considéré, cette réduction du risque permet d'éviter un décès pour 100 000 personnes. La somme des valeurs individuelles du CAP de 30 USD pour 100 000 personnes est égale à la VVS – 3 millions USD dans le cas présent.

Il importe de souligner que la VVS ne représente pas la valeur de la vie d'une personne particulière, mais qu'elle est la somme des valeurs imputées par les différents individus à de faibles variations du risque de décéder (OCDE, 2012). Le coût économique total de l'impact est donc égal au produit de la VVS par le nombre de décès prématurés, et l'avantage économique d'une mesure d'atténuation correspond au produit de cette même VVS par le nombre de vies épargnées (OCDE, 2014a).

L'utilisation de la VVS suscite un vaste débat qui tient à l'influence de l'âge des individus dans différents contextes de risque. Il est facile d'appliquer la même VVS dans des contextes caractérisés par une réduction similaire du risque de décès prématuré pour toutes les tranches d'âge. Dans le cas des analyses coûts-avantages des mesures axées sur la santé des enfants, il est préférable d'utiliser des valeurs spécifiques pour évaluer les avantages découlant de ces mesures (OCDE, 2010). Il est toutefois difficile d'établir des valeurs de la VVS concernant les enfants, car on ne peut procéder à des enquêtes pour déterminer les préférences de ces derniers et l'évaluation par les adultes des risques auxquels sont exposés leurs enfants peut être biaisée,

Encadré 2.3. Évaluation des décès prématurés à partir de la valeur d'une vie statistique *(suite)*

par exemple pour des raisons altruistes. L'OCDE (2012) ainsi que Lindhjem et Navrud (2008) suggèrent de multiplier la VVS des adultes par un facteur de 1.5 à 2.0 pour obtenir la VVS des enfants et évaluer les réglementations ciblées sur la réduction des risques sanitaires des enfants. La pollution atmosphérique provoque des décès prématurés, essentiellement chez les personnes âgées et, dans une moindre mesure, chez les enfants (OMS, 2014). Les risques de mortalité, qui sont considérés dans le présent rapport, concernent essentiellement les personnes âgées et la contribution des décès dus à des problèmes respiratoires chez les enfants (âgés de moins de cinq ans) est très faible. Il n'a donc pas été nécessaire d'ajuster les calculs dans la présente étude.

Il est également possible de prendre l'âge en compte en ayant recours à la « valeur d'une année de vie perdue » (VAV), parfois appelé « valeur d'une année de vie statistique » (VAVS). Cette technique donne lieu au calcul du nombre d'« années de vie perdues » (AVP) en raison d'un risque particulier, sur la base d'une estimation de l'espérance de vie, puis à son évaluation en multipliant ce nombre par la VAV. La méthode VAV a l'inconvénient de considérer le nombre d'années de vie perdues et non le nombre de vies perdues, de sorte qu'elle « impute explicitement une valeur moins élevée à la réduction du risque de mortalité pour les populations âgées ayant une moindre qualité de vie » (Hubbel, 2002). Si, de l'avis général, il serait idéal d'imputer une valeur différente aux risques sanitaires des enfants, peu d'arguments sont avancés en faveur d'une différenciation de la valeur des risques par tranche d'âge pour les adultes. Les VAV sont de surcroît rarement établies à partir d'enquêtes (Hunt, 2011). Il est aussi très difficile d'obtenir des estimations robustes des AVP et de déterminer dans quelle mesure les valeurs des espérances de vie des différents pays pourraient et devraient être utilisées. Il est possible de calculer les AVP à partir des tables de mortalité par pays qui sont présentés dans les Perspectives démographiques des Nations Unies (ONU, 2015), des calculs complexes sont nécessaires pour obtenir les AVP pour toutes les régions du monde. Les études sur la charge mondiale de mortalité définissent les AVP par la différence entre l'âge au décès et l'« espérance de vie possible la plus longue » à l'échelle mondiale (www.healthdata.org/gbd/faq) aux fins du calcul du nombre d'années gagnées en évitant un décès prématuré. Cette hypothèse signifie que, en particulier dans les pays qui affichent actuellement une espérance de vie relativement faible, le nombre total d'AVP est fortement surestimé. Dans ce cas, il se peut que l'évaluation des décès prématurés par le biais d'un nombre élevé d'AVP soit significativement plus élevée que celle produite par l'application de la VVS. Étant donné les difficultés posées par l'emploi des AVP, et comme dans les travaux antérieurs de l'OCDE (2012, 2014a), les décès prématurés ont été évalués, dans ce rapport, au moyen de la même VVS pour toutes les tranches d'âge.

L'utilisation de la VVS dans le contexte des impacts sur la santé de la pollution atmosphérique soulève aussi le problème de la latence, c'est-à-dire du temps qui s'écoule entre le moment de l'exposition et celui de l'impact (décès prématuré). L'effet de la latence sur le CAP est théoriquement indéterminé (OCDE, 2012). La théorie économique part généralement du principe que les individus ont un taux d'actualisation positif. Leur utilité varie aussi selon les périodes de leur vie de sorte que leur CAP pour réduire les risques de mortalité future peut être supérieur à leur CAP pour réduire les risques immédiats (voir, par exemple, Hammitt et Liu, 2004). La méta-analyse présentée par l'OCDE (2012) a permis de déterminer si les estimations de la VVS varient systématiquement en fonction de différentes caractéristiques de la méthode d'évaluation employée, des caractéristiques des disparités relatives au risque de mortalité (par exemple le type de risque, la latence, le risque de cancer, etc.), des caractéristiques socioéconomiques des personnes interrogées et d'autres variables. D'après les études examinées et cette méta-analyse, l'OCDE (2012) parvient à la conclusion qu'il n'est pas de nécessaire de procéder un ajustement des valeurs de base de la VVS au titre de la latence.

Deux études de l'OCDE (2014a et 2014b) présentent respectivement les VVS des adultes pour les différents pays membres de l'OCDE et pour certaines économies non membres, et ces mêmes valeurs pour les pays de la région de l'Asie du Sud et du Sud-Est. Le présent rapport couvrant l'ensemble du monde, il a été nécessaire de calculer les valeurs VVS des pays non pris en compte dans des études antérieures de l'OCDE. La méthode du transfert des avantages basés sur le revenu national moyen, décrite dans OCDE (2012) et présentée en détail dans l'encadré 2.4 a été employée à cette fin. Le principal paramètre de cette méthode est l'élasticité-revenu, qui détermine la mesure dans laquelle la VVS se modifie en fonction de différents niveaux de revenu. Dans le présent rapport, l'élasticité-revenu utilisée pour les calculs est de 0.8 pour les pays à revenu élevé, de 0.9 pour les pays à revenu intermédiaire et de 1 pour les pays à faible revenu. D'autres valeurs de cette élasticité ont été considérées dans l'analyse de la sensibilité des résultats aux valeurs choisies (voir la section 5.1).

Encadré 2.4. **Transfert des avantages pour le calcul de la valeur d'une vie statistique**

L'OCDE (2012) présente une méthode de calcul de la VVS dans chaque pays sur la base du revenu national moyen qui fait intervenir une méthode de transfert des avantages. Les valeurs indiquées pour les pays de l'OCDE, exprimées en dollars de 2005, sont comprises entre 1.5 million USD et 4.5 millions USD, la valeur de référence recommandée étant de 3 millions USD. Les valeurs de référence de la VVS pour la région de l'OCDE en 2005 proviennent d'une méta-analyse rigoureuse d'études consacrées à la VVS (OCDE, 2012). Les VVS recommandées par l'OCDE ont été calculées pour un adulte moyen à partir de 1 095 valeurs tirées de 92 études publiées.

Ainsi que le fait valoir l'OCDE (2006 et 2014a), le CAP varie en fonction du niveau de revenu, et le revenu est l'un des principaux indicateurs utilisés par les techniques fondées sur la préférence pour mesurer la VVS. Les VVS par pays sont calculées à partir d'estimations fiables établies pour une région particulière, dans ce cas la valeur de référence de l'OCDE (3 millions USD), puis elles sont ajustées pour chaque pays en fonction du niveau de revenu de ce dernier. L'emploi d'une VVS locale est dû au fait que l'évaluation concerne un pays particulier; cette méthode est justifiée par le fait que les coûts et les avantages de la pollution atmosphérique et des mesures de lutte contre la pollution se manifestent essentiellement au sein de la même région (OCDE, 2014a). C'est le contraire qui se produit avec le changement climatique, dans le cas duquel l'utilisation d'une VVS différente pour la mortalité dans différents pays est très controversée puisque les bénéficiaires d'une politique résident essentiellement dans d'autres pays (les gaz à effet de serre se répartissent en effet uniformément dans l'atmosphère).

Plusieurs études s'efforcent d'évaluer l'élasticité-revenu du CAP pour réduire le risque de décès prématuré. La méta-analyse présentée dans OCDE (2012) détermine que l'élasticité-revenu est de l'ordre de 0.7-0.9 pour les pays de l'OCDE, et est sensiblement plus élevée pour les pays dont le revenu se situe dans le 40e centile le plus bas. Les études longitudinales apportent d'autres éléments confirmant que le CAP varie en fonction du stade du développement économique (Hammitt et Robinson, 2011). L'intervalle proposé dans OCDE (2012) est en particulier jugé trop bas pour les pays à faible revenu, car l'application des valeurs considérées produirait des CAP trop élevés et irréalistes pour ces pays. Le présent rapport retient donc une élasticité de 0.8 pour les pays à revenu élevé, de 0.9 pour les pays à revenu intermédiaire et de 1 pour les pays à faible revenu (les groupes de pays sont établis sur la base des tranches de revenu de la Banque mondiale).

Encadré 2.4. **Transfert des avantages pour le calcul de la valeur d'une vie statistique** *(suite)*

Cette méthode du transfert des avantages est employée pour adapter la VVS à d'autres pays, mais aussi pour estimer son évolution dans le temps. Comme le fait valoir l'OCDE (2006), le revenu devrait aussi être la variable de référence employée pour adapter le CAP dans le temps, de manière à éviter les situations dans lesquelles, par exemple, le consentement à payer pour sauver une vie statistique augmente plus rapidement dans le temps que le taux d'inflation. Les études réalisées, comme celle de Costa et Kahn (2004) qui calculent les variations de la VVS aux États-Unis sur la période 1940-80, parviennent à la conclusion que la VVS augmente dans le temps avec le revenu.

La VVS est calculée au moyen de la formule suivante :

$$VSL_r^t = VSL_{OECD}^{2010} \cdot \left(\frac{Y_r^t}{Y_{OECD}^t}\right)^{\beta}$$

où :

Y est le revenu moyen (PIB par habitant) du pays *r* à l'année *t* exprimé en USD de 2010 à PPA ;

β est l'élasticité-revenu de la VVS et mesure l'accroissement en pourcentage de la VVS induit par une hausse du revenu.

Cette méthode est appliquée dans la présente analyse pour produire des valeurs de la VVS pour tous les pays du monde, et pour établir des projections à l'horizon 2060. Les extrapolations sont basées sur les valeurs des revenus indiquées par les projections par pays. Les projections des revenus utilisées sont les mêmes que celles qui ont été retenues pour calibrer le modèle ENV-Linkages; il s'agit des projections des Perspectives de l'économie mondiale du FMI (2014) jusqu'à l'année 2017 et des projections économiques établies à partir du modèle ENV-Growth (Dellink et al., 2016) pour les années suivantes.

Établissement de valeurs unitaires pour la morbidité

L'évaluation de la morbidité, dans le présent rapport, donne lieu à des évaluations distinctes du coût de la maladie (coûts des soins de santé et de la productivité du travail) et des coûts en termes de bien-être[7]. Les études des coûts des effets de la pollution atmosphérique sur la demande de soins de santé sont beaucoup moins nombreuses que celles qui estiment les coûts économiques globaux de la pollution atmosphérique sur la santé. Les analyses estiment souvent, de manière inexacte, le coût total en considérant uniquement le coût des soins de santé ou encore la somme du coût des soins de santé et du coût de la perte de productivité, alors que ces derniers ne sont que quelques composantes du coût total de la pollution de l'air extérieur. Aux fins de la présente étude, l'expression « coût des soins de santé » est définie de manière à correspondre précisément au coût du traitement des maladies; le coût de la gêne, de la douleur et des souffrances liées à la maladie en question est, quant à lui, qualifié de « coût de désutilité » ou de « coût en bien-être ».

Comme indiqué précédemment, les coûts des soins de santé peuvent être évalués par la méthode du coût de la maladie. Bien qu'il soit manifestement difficile d'obtenir les données nécessaires, la quantification des coûts des soins de santé est, du moins en théorie, une opération aisée puisque ces coûts sont liés à des transactions marchandes ayant des prix déterminés, qui peuvent être observés[8]. Il n'est toutefois pas facile d'établir une valeur unitaire de référence pour les soins de santé, car ces derniers varient fortement selon les pays, par suite des disparités entre les systèmes de soins de santé et aussi des manières différentes dont les populations affrontent la maladie. De fortes variations peuvent exister même à l'échelle d'un continent. À titre d'exemple, d'après les estimations effectuées par des méthodes similaires dans le cadre d'une série d'études européennes, le coût du traitement d'un cas de bronchite chronique est de 530 EUR par patient et par an en France (Piperno et al., 2003), mais de 3 238 EUR par patient et par an en Espagne (Izquerdo, 2003). Les valeurs unitaires des dépenses de soins de santé ont été calculées pour l'OCDE sur la base de Holland (2014a). Les valeurs unitaires par pays ont ensuite été déterminées en appliquant la relation entre les dépenses de santé et le PIB par habitant aux dépenses totales de soins de santé exprimées en pourcentage du PIB au niveau national, publiées en 2015 par la Banque mondiale (Banque mondiale, 2015).

Les coûts en bien-être, qui comprennent les coûts de la désutilité liée à la maladie résultant, par exemple, de la souffrance et de la douleur, sont évalués au moyen des valeurs du CAP tiré d'études PD. Ce rapport utilise en particulier les valeurs calculées pour la Commission européenne (Holland, 2014a) comme point de départ pour établir les valeurs unitaires des coûts en bien-être des impacts de morbidité. Le calcul de ces coûts pour des pays particuliers est effectué par la méthode du transfert des avantages sur la base du niveau de revenu, comme pour la mortalité (voir l'encadré 2.4). Le transfert à l'échelle mondiale des estimations de la désutilité de la morbidité tirées des études disponibles, qui concernent essentiellement l'Europe, peut être source de distorsions, car les préférences en matière de santé et l'évaluation de la maladie diffèrent vraisemblablement d'un pays à l'autre. Ready et al. (2004), par exemple, montrent que le transfert à l'échelle internationale des valeurs unitaires pour évaluer les avantages de certains impacts introduit une erreur de transfert, même entre pays européens. La méthode du transfert est toutefois la seule qui peut être utilisée dans les études de portée mondiale, car les évaluations des impacts de la pollution atmosphérique ne couvrent que quelques régions du monde.

Valeurs unitaires obtenues

Les valeurs unitaires utilisées sont présentées pour chaque impact de santé dans le tableau 2.2, qui distingue les coûts en bien-être des coûts des soins de santé)[9]. La valeur utilisée pour la mortalité est de 3 millions USD, conformément à OCDE (2014a). Les valeurs de la morbidité ont été établies sur la base de Holland (Holland, 2014a).

Les méthodes adoptées ne risquent guère de donner lieu à un double comptage des différents éléments de l'évaluation de la morbidité parce que les coûts sont intégralement imputés à l'élément principal. La mortalité est uniquement associée aux coûts en bien-être et n'est pas prise en compte dans la modélisation des coûts marchands. Des valeurs unitaires des coûts en bien-être et des coûts des soins de santé sont établies pour la bronchite chronique chez les adultes, la bronchite chez les enfants et les admissions à l'hôpital. Bien que les personnes interrogées dans le cadre d'enquêtes sur les coûts en bien-être puissent incorporer certains coûts marchands dans leurs réponses, les montants indiqués sont vraisemblablement, pour l'essentiel, des coûts non marchands. Les études PD utilisées pour établir les valeurs unitaires de la désutilité liée à la maladie ont été menées dans des pays dotés de systèmes de santé publique fonctionnant correctement, ce qui réduit le risque d'inclusion d'éléments autres que la désutilité par les personnes indiquant leur consentement à payer pour éviter des maladies clairement définies. Les valeurs établies devraient par conséquent refléter des aspects différents et complémentaires de la maladie.

Tableau 2.2. **Valeurs unitaires utilisées dans l'analyse des impacts sur la santé**

USD, taux de change à PPA de 2005

Effet	Élément de coût	Valeur
Mortalité, décès prématurés	Coût en bien-être	3 millions
Bronchite chronique chez les adultes (nouveaux cas)	Coût en bien-être	61 610
	Coût des soins de santé	13 070
Bronchite chez les enfants (cas)	Coût en bien-être	680
	Coût des soins de santé	57
Équivalent d'admissions à l'hôpital (maladies respiratoires et cardiovasculaires)	Coût en bien-être	575
	Coût des soins de santé	3 430
Nombre de jours d'activité restreinte	Coût en bien-être	106
Nombre de jours d'activité légèrement restreinte (nombre de jours caractérisés par des symptômes d'asthme)	Coût en bien-être	48

Note : Les valeurs indiquées se rapportent aux pays de l'OCDE. Il s'agit de valeurs unitaires qui indiquent les coûts par vie statistique, par cas de maladie, par admission à l'hôpital et par jour d'activité restreinte.

Source : Évaluations des auteurs basées sur les travaux de Holland (2014a).

Il est posé en hypothèse que les jours de travail perdus ont principalement pour effet de réduire la productivité, et que les jours d'activité (faiblement) restreinte se caractérisent de manière prédominante par une gêne. Les jours de travail perdus ont donc des impacts sur la productivité du travail et sont inclus dans les calculs des impacts marchands effectués au moyen du modèle ENV-Linkages. Les coûts associés aux jours d'activité (faiblement) restreinte sont, en revanche, évalués sur la base de leur coût en bien-être. L'annexe C examine plus en détail les questions de double comptage.

Une fois que les valeurs unitaires ont été établies, il est possible de calculer les coûts globaux des soins de santé ainsi que les coûts en bien-être des maladies et de la mortalité en multipliant le nombre de cas de maladies et de décès prématurés par ces valeurs unitaires (voir la section 2.8). Les coûts globaux représentent, par conséquent, la somme des coûts moyens des personnes touchées. Les coûts totaux des soins de santé sont introduits dans le modèle ENV-Linkages pour calculer les coûts marchands de la pollution de l'air extérieur. Ces derniers comprennent par conséquent les coûts directs associés aux dépenses de santé totales et les coûts indirects liés aux répercussions sur la consommation, l'épargne, la production et les autres activités économiques (voir la section 2.7).

2.7. Des impacts aux conséquences pour la croissance économique

Les impacts marchands sont directement incorporés dans ENV-Linkages dans les équations structurelles de comportement. En d'autres termes, les impacts marchands sont directement traduits dans le modèle comme des changements des différents moteurs de l'économie, comme la productivité du travail ou le rendement des terres, et de ce fait affecteront les grands agrégats macroéconomique, comme le PIB. Les impacts économiques découlant des changements de la pollution de l'air extérieur sont modélisés sous la forme de variations en pourcentage des paramètres les plus pertinents des fonctions de comportement (production, demande, etc.) qui composent la structure du modèle. Les modifications qui en découlent au sein de l'économie (au niveau sectoriel et au niveau macroéconomique) sont exprimées en variations en pourcentage par rapport à la projection hors rétroactions sur l'économie (voir la section 2.2). Elles sont calculées pour chaque période jusqu'à l'horizon

2060, et prennent ainsi en compte les conséquences économiques annuelles des impacts. Le scénario incorporant les impacts marchands de la pollution atmosphérique est qualifié de projection « centrale ».

Trois impacts marchands sont incorporés dans le modèle : la modification des dépenses de santé consécutive aux impacts sur la santé publique, la modification de la productivité du travail consécutive aux impacts sur la santé publique, et la modification des rendements agricoles. Le tableau 2.3 récapitule les impacts modélisés et les sources des données.

Tableau 2.3. **Impacts de la pollution atmosphérique inclus dans le modèle ENV-Linkages**

Catégories d'impact	Impacts modélisés	Sources des données
Santé	Modification des dépenses de santé due à l'évolution de l'incidence des cas de bronchite, de maladies respiratoires et cardiovasculaires, etc.	Calculs basés sur Holland (2014a) et sur les résultats des études sur la charge mondiale de morbidité (Forouzanfar et al., 2015, et Brauer et al., 2016 pour les particules ; Lim et al., 2012, et Burnett et al., 2014 pour l'ozone).
	Modification de la productivité du travail due aux jours de travail perdus par suite de l'évolution de l'incidence des cas de maladies respiratoires et cardiovasculaires.	
Agriculture	Modifications des rendements agricoles	Calculs du CCR-CE d'Ispra effectués au moyen du modèle TM5-FASST (Van Dingenen et al., 2009)

Les modifications des dépenses de santé sont représentées dans le modèle par les modifications de la demande portant sur l'ensemble des services « collectifs ». Le montant des dépenses de santé supplémentaires prises en compte dans le modèle est calculé en multipliant le nombre de cas de maladies et le nombre d'admissions à l'hôpital par les valeurs unitaires des soins de santé, comme indiqué à la section 2.6. Il est posé en hypothèse que l'augmentation des dépenses de santé touche les dépenses budgétaires des ménages et des pouvoirs publics[10]. La mesure dans laquelle les ménages et les administrations sont affectées par ces dépenses supplémentaires est proportionnelle à leur contribution respective aux dépenses totales de santé au niveau de la région. La ventilation entre les dépenses des ménages et les dépenses des pouvoirs publics a été effectuée au moyen des données de la Banque mondiale sur les parts des dépenses de santé qui leur sont respectivement imputables (Banque mondiale, 2015). On observe une étroite relation entre les dépenses de santé et le PIB par habitant dans pratiquement tous les pays (Banque mondiale, 2015), ce qui facilite l'extrapolation des données relatives aux impacts de santé entre les pays.

Les modifications de la productivité du travail sont directement introduites dans le modèle en tant que variations en pourcentage de la productivité de la main-d'œuvre dans la région. Les pertes de productivité sont calculées sur la base du nombre de jours de travail perdus suivant la méthode utilisée par Vrontisi et al. (2016), et sur la base d'hypothèses relatives au nombre moyen de jours ouvrés par an dans chaque région (Banque mondiale, 2014). Il vaut mieux considérer la diminution de la productivité que celle de la population active lorsque la maladie a pour effet prédominant de réduire la production moyenne par travailleur et non le coût total de main-d'œuvre assumé par les employeurs. C'est le cas notamment lorsque les employés ont des congés maladie rémunérés ou lorsqu'ils viennent travailler alors qu'ils sont malades.

Les modifications des rendements agricoles sont représentées dans le modèle sous la forme d'une combinaison des modifications de l'efficacité de la terre et des modifications de la productivité globale des facteurs, dans les activités agricoles concernées par la baisse des rendements. Cette spécification, qui reprend celle envisagée dans l'OCDE (2015), reflète l'idée que les impacts agricoles s'exercent non seulement sur les taux de croissance biophysique des cultures, mais aussi sur d'autres facteurs qui ont un impact sur les récoltes, comme l'efficacité des autres facteurs de production. La pollution atmosphérique a des effets hétérogènes sur les rendements agricoles dans différentes régions du monde, en fonction des concentrations d'ozone troposphérique.

Une fois introduits dans le modèle ENV-Linkages les impacts sur les rendements agricoles, les dépenses de santé et la productivité du travail ont été, les simulations du modèle permettent de calculer les coûts macroéconomiques de la pollution atmosphérique. Ces coûts sont composés des impacts marchands directs ainsi que des processus d'ajustement inhérents au modèle (coûts marchands indirects). À titre d'exemple, une augmentation de la demande de soins de santé peut provoquer une diminution de la demande d'autres services, tandis que des modifications des rendements de certaines cultures peuvent entraîner une modification de la production de cultures de substitution, et même d'autres activités sectorielles ainsi qu'une transformation de la composition des échanges.

2.8. Des impacts aux coûts en bien-être

La dernière étape de l'analyse consiste à évaluer les coûts en bien-être de la pollution de l'air extérieur. Les coûts non marchands des impacts sur la santé sont le produit des résultats concernant les impacts de santé pertinents (quatrième étape) par les valeurs unitaires correspondantes (cinquième étape). Dans le cas de la mortalité, ces coûts sont égaux au produit du nombre de décès prématurés par la valeur d'une vie statistique (VVS). Les coûts en bien-être de la désutilité liée à la maladie sont, de même, égaux au produit des résultats obtenus pour chaque impact de morbidité par la valeur unitaire correspondante.

L'analyse des conséquences économiques des impacts marchands accorde une place importante au PIB, qui est l'indicateur de l'activité économique le plus couramment employé. Ce dernier sert également de point de référence dans l'examen des conséquences de la pollution atmosphérique pour la croissance économique. Les coûts marchands sont aussi exprimés en termes de bien-être de manière à faciliter la comparaison avec d'autres composantes des coûts au moyen de la variation équivalente du revenu, qui est un indicateur courant des impacts sur le bien-être d'un choc dans un cadre d'équilibre général. Cet indicateur mesure la variation du revenu qui, aux prix initiaux, aurait le même effet sur le bien-être que les modifications induites par le choc dans le système (Hicks, 1939). Les coûts en bien-être des impacts marchands sont donc représentés par la variation du revenu en USD constants. La variation équivalente représente le consentement maximum à payer pour éviter la détérioration du bien-être des consommateurs (appelée équivalence hicksienne dans les traités d'économie).

Pour finir, il est possible de comparer et de regrouper les coûts en bien-être marchands et non marchands pour obtenir une évaluation des coûts en bien-être totaux. Il est difficile de procéder à l'agrégation des résultats parce que différentes méthodes sont employées pour calculer les coûts marchands et les coûts non marchands. Il est néanmoins possible d'ajouter ces deux types de coûts lorsque ces derniers sont exprimés en termes de perte de revenu globale, et au moyen de la même unité de valeur, c'est-à-dire en USD constants de 2010 sur la base des taux de change à PPA.

L'agrégation des coûts en bien-être des différents pays et régions soulève une autre difficulté. En principe, il est possible d'utiliser des pondérations par l'équité pour créer une fonction de bien-être social qui influe sur la manière dont sont mesurés les arbitrages entre les modifications du bien-être dans différents pays. De telles pondérations peuvent aussi être utilisées pour calculer les VVS et les valeurs de la morbidité au moyen d'un modèle d'équilibre général. Les pondérations du bien-être produisent une mesure plus « juste » du bien-être social global associé aux coûts en bien-être présenté dans ce rapport; elles reflètent aussi le fait que l'utilité marginale d'une unité de revenu supplémentaire est plus élevée dans les pays pauvres que dans les pays riches. La présente analyse n'inclut toutefois pas de pondérations au titre du bien-être pour deux raisons. Premièrement, le rapport a pour objet non pas de déterminer un niveau de pollution optimale sur le plan social, mais d'exposer les conséquences régionales d'une pollution non atténuée de l'air extérieur. Bien que les résultats établis au niveau des régions soient parfois regroupés pour indiquer un total mondial, cette opération est effectuée purement à titre illustratif. Deuxièmement, les pondérations au titre de l'équité sont essentiellement le fruit d'un jugement moral et il est extrêmement difficile de trouver des pondérations ne prêtant pas à controverse. Enfin, ce type de pondération accroît encore la complexité des résultats ce qui est évité dans le cas présent par l'expression des résultats en termes de variation du *revenu*.

Notes

1. Les effets de rétroaction ont, en principe, des répercussions sur les niveaux d'émission de sorte qu'il importe de ne pas procéder à des itérations entre la projection centrale et la projection zéro dommage à moins d'avoir pu assurer la cohérence des niveaux d'émission. Ce processus itératif exige par ailleurs des calculs considérables et n'est donc pertinent que lorsque les niveaux d'émission de la projection centrale diffèrent de manière significative de ceux de la projection zéro dommage.

2. Cette série de données a servi de base à des comparaisons modélisées dans le cadre du Forum de modélisation de l'énergie (Energy Modelling Forum (EMF) 30, dont les résultats ont permis de vérifier la robustesse de la prise en compte des polluants atmosphériques dans le modèle ENV-Linkages.

3. Il vaudrait mieux, dans le cas des transports, considérer la consommation de carburant au kilomètre ou par passager, mais le modèle ENV-Linkages ne permet pas de prendre en compte ces détails.

4. La variante sous forme réduite TM5-FASST reproduit la série intégrale des processus chimiques, physiques et météorologiques intégrés dans TM5-CTM, pour l'année météorologique 2001. Ces processus représentent la formation de sulfate et de nitrate d'ammonium secondaires à partir des émissions de SO_2, de NO_x et de NH_3, la formation d'O_3 à partir de NO_x et de COV ainsi que le transport et l'élimination par voie humide et par voie sèche de tous les polluants de l'atmosphère.

5. Parce que la présente analyse s'appuie sur les études sur la CMM, elle inclut implicitement les points faibles que présentent ces études. Il se peut ainsi que les interactions entre la pollution atmosphérique et le tabagisme ne soient pas adéquatement prises en compte aux fins de l'imputation de la mortalité à la pollution de l'air extérieur. Les études sur la CMM sont toutefois la source des informations les plus robustes et les plus détaillées disponibles pour évaluer les impacts de la pollution atmosphérique sur la mortalité à l'échelle mondiale.

6. Le riz, le blé, maïs et le soja constituent plus de la moitié du volume total de la production agricole mondiale, mais génèrent moins de la moitié de sa valeur.

7. Il est aussi possible de décomposer les coûts de morbidité des impacts sanitaires de la pollution atmosphérique en : *(i)* coûts en ressources, qui correspondent aux coûts médicaux et non médicaux directement liés au traitement du problème de santé provoqué par la pollution de l'air, auxquels s'ajoutent les dépenses effectuées pour éviter certains risques; *(ii)* coûts d'opportunité, qui correspondent aux coûts indirects liés à la perte de productivité et/ou de temps de loisirs imputable aux effets de la pollution sur la santé; et *(iii)* coûts de désutilité, qui sont liés aux douleurs, aux souffrances, à la gêne et à l'inquiétude causées par la maladie. L'analyse présentée ici couvre au moins en partie chacun de ces trois types d'impacts, puisque les coûts en ressources sont liés aux dépenses de santé, les coûts d'opportunité sont fonction de la modification de la productivité du travail et les coûts de désutilité sont inclus dans l'évaluation des coûts en bien-être.

8. Les résultats obtenus pour les régions dans lesquelles il est possible d'évaluer directement les coûts des soins de santé ont été extrapolés pour établir ces coûts dans les autres régions.

9. Les chiffres indiqués dans le tableau sont exprimés en USD de 2005 pour assurer la cohérence avec les sources initiales. Ils ont été ensuite convertis en USD de 2010 dans le cadre de modélisation. Les résultats de l'analyse sont également présentés en USD de 2010.

10. Le secteur privé contribue en réalité également à l'offre de soins de santé par le biais des assurances liées à l'emploi. Ces dépenses ne sont pas considérées de manière indépendante dans le cadre de modélisation. Il serait aussi possible de tenir compte du fait que les pouvoirs publics et les ménages pourraient décider, au lieu d'accroître leurs dépenses de santé, de réduire la quantité de soins de santé. Une telle décision aurait toutefois sans doute pour résultat d'accroître les coûts en bien-être. La démarche suivie dans le présent rapport doit donc être considérée comme indiquant la limite inférieure des coûts de santé.

Références

AIE (Agence internationale de l'énergie) (2013), *World Energy Outlook 2013*, AIE, Paris, http://dx.doi.org/10.1787/weo-2013-en.

AIE (2011), *World Energy Outlook 2011*, Éditions OCDE, Paris, http://dx.doi.org/10.1787/weo-2011-en.

Alberini et al. (2016), « Approaches and Issues in Valuing the Cost of Inaction of Air Pollution on Human Health », *Documents de travail de l'OCDE sur l'environnement*, n° 108, Éditions OCDE, Paris.

Amann, M. et al. (2013), « Regional and Global Emissions of Air Pollutants: Recent Trends and Future Scenarios », *Annual Review of Environment and Resources*, vol. 38, pp. 31-55.

Amann, M. et al. (2011), « Cost-effective control of air quality and greenhouse gases in Europe: Modeling and policy applications », *Environmental Modelling & Software*, vol. 26, n° 12, pp. 1489-1501.

Banque mondiale (2015), *Indicateurs du développement dans le monde*, la Banque mondiale, Washington, DC, http://data.worldbank.org/indicator (consulté le 3 mai 2016).

Banque mondiale (2014), *Doing Business 2015: Going Beyond Efficiency*, la Banque mondiale, Washington, DC, http://dx.doi.org/10.1596/978-1-4648-0351-2.

Brauer, M. et al. (2016), « Ambient Air Pollution Exposure Estimation for the Global Burden of Disease 2013 », *Environmental Science and Technology*, vol. 50, pp. 79-88.

Burnett, R.T. et al. (2014), « An integrated risk function for estimating the global burden of disease attributable to ambient fine particulate matter exposure », *Environmental Health Perspectives*, vol. 122, pp. 397-403.

Chateau, J., R. Dellink et E. Lanzi (2014), « An Overview of the OECD ENV-Linkages Model: Version 3 », *Documents de travail de l'OCDE sur l'environnement*, n° 65, Éditions OCDE, Paris, http://dx.doi.org/10.1787/5jz2qck2b2vd-en.

Chestnut et al. (2006), « The Economic Value of Preventing Respiratory and Cardiovascular Hospitalizations », *Contemporary Economic Policy*, vol. 24, n° 1, pp. 127-143.

Chuwah, C. et al. (2015), « Global impacts of surface ozone changes on crop yields and land use », *Atmospheric Environment*, vol. 106, pp. 11-23.

Commission européenne (2013), « The Clean Air Policy Package », document de travail des services de la Commission, *Impact Assessment*, n° SWD(2013)531, Commission européenne, Bruxelles, http://ec.europa.eu/governance/impact/ia_carried_out/docs/ia_2013/swd_2013_0531_en.pdf (consulté le 3 mai 2016).

Dellink, R.B. et al. (2016, à paraître), « Long-term economic growth projections in the Shared Socioeconomic Pathways », *Global Environmental Change*, http://dx.doi.org/10.1016/j.gloenvcha.2015.06.004.

FMI (Fonds monétaire international) (2014), base de données des Perspectives de l'économie mondiale, Fonds monétaire international, www.imf.org/external/pubs/ft/weo/2014/01/weodata/index.aspx (consulté le 3 mai 2016).

IHME (Institute for Health Metrics and Evaluation) (2015), *Global Burden of Disease Compare,* IHME, Seattle.

IIASA/FAO (Institut international pour l'analyse des systèmes appliqués/Organisation pour l'alimentation et l'agriculture) (2012), « GAEZ (v3.0) Système mondial de zones agro écologiques », IIASA, Laxenburg, Autriche et FAO, Rome, Italie, www.fao.org/fileadmin/user_upload/gaez/docs/UserGuide_FR.pdf (consulté le 3 mai 2016).

Forouzanfar, M.H. et al. (2015), « Global, regional, and national comparative risk assessment of 79 behavioural, environmental and occupational, and metabolic risks or clusters of risks in 188 countries, 1990-2013: a systematic analysis for the Global Burden of Disease Study 2013 », *The Lancet*, vol. 386, n° 10010, pp. 2287-2323.

Global Burden of Disease (GDB) (2010), « GBD 2010 country results: a global public good, GBD 2010 Country Collaboration », *The Lancet*, vol. 381, n° 9871, pp. 965-970.

Hammitt, J.K. et J.-T. Liu (2004), « Effects of Disease Type and Latency on the Value of Mortality Risk », *The Journal of Risk and Uncertainty*, vol. 28, pp. 73-95.

Hammitt, J.K. et L.A. Robinson (2011), « The Income Elasticity of the Value per Statistical Life: Transferring Estimates between High and Low Income Populations », *Journal of Benefit-Cost Analysis*, vol. 2, n° 1, Article 1, pp. 1-27.

Hicks, J.R. (1939), *Value and capital: An inquiry into some fundamental principles of economic theory*, Clarendon Press, Oxford.

Holland, M. (2014), Cost-benefit analysis of final policy scenarios for the EU Clean Air Package, Corresponding to IIASA TSAP report no.11, version 2a, rapport destiné à la Commission européenne, DG Environnement, mars 2014, http://ec.europa.eu/environment/air/pdf/TSAP%20CBA.pdf (consulté le 3 mai 2016).

Horowitz, J. et K. McConnell (2002), « A review of WTA/WTP studies », *Journal of Environmental Economics and Management*, vol. 44, pp. 426-447.

Hubbel, B.J. (2002), Implementing QALYs in the Analysis of Air Pollution Regulations, US Environmental Protection Agency, Washington, DC, www.epa.gov/ttnecas1/workingpapers/ereqaly.pdf (consulté le 3 mai 2016).

Huijnen, V. et al. (2010), « The global chemistry transport model TM5: description and evaluation of the tropospheric chemistry version 3.0 », *Geoscientific Model Development*, vol. 3, n° 2, pp. 445-473.

Hunt, A. (2011), « Policy Interventions to Address Health Impacts Associated with Air Pollution, Unsafe Water Supply and Sanitation, and Hazardous Chemicals », *Documents de travail de l'OCDE sur l'environnement*, n° 35, Éditions OCDE, Paris, http://dx.doi.org/10.1787/5kg9qx8dsx43-en.

Izquerdo, J.L. (2003), « The burden of COPD in Spain: results from confronting COPD survey », *Respiratory Medicine*, mars, vol. 97, Suppl. C, pp. S61-S69.

Jones, J. et al. (2003), « The DSSAT cropping system model », *European Journal of Agronomy*, vol. 18, pp. 235-265.

Kriegler, E. et al. (2014), « What does the 2°C target imply for a global climate agreement in 2020? The LIMITS study on Durban Platform scenarios », *Climate Change Economics*, vol. 04, n° 04.

Krol, M. et al. (2005), « The two-way nested global chemistry-transport zoom model TM5: algorithm and application », *Atmospheric Chemistry and Physics*, vol. 4, pp. 3975-4018.

Leitao, J., R. van Dingenen et S. Rao (2015), LIMITS project Report on spatial emissions downscaling and concentrations for health impacts assessment, www.feem-project.net/limits/docs/limits_d4-2_iiasa.pdf (consulté le 3 mai 2016).

Lim, S.S. et al. (2012), « A comparative risk assessment of burden of disease and injury attributable to 67 risk factors and risk factor clusters in 21 regions, 1990-2010: A systematic analysis for the Global Burden of Disease Study 2010 », *The Lancet*, vol. 380, pp. 2224-2260.

Lindhjem, H. et S. Navrud (2008), « How Reliable are Meta-Analyses for International Benefit Transfer? », *Ecological Economics*, vol. 66, n° 2-3, pp. 425-435.

Mayeres, I. et D. van Regemorter (2008), « Modelling the health related benefits of environmental policies and their feedback effects: a CGE analysis for the EU countries with GEM-E3 », *The Energy Journal*, vol. 29, n° 1, pp. 135-150.

Mills, G. et al. (2007), « A synthesis of AOT40-based response functions and critical levels of ozone for agricultural and horticultural crops », *Atmospheric Environment*, vol. 41, pp. 2630-2643.

OCDE (2015), *The Economic Consequences of Climate Change*, Éditions OCDE, Paris, http://dx.doi.org/10.1787/9789264235410-en.

OCDE (2014a), *Le coût de la pollution de l'air: Impacts sanitaires du transport routier*, Éditions OCDE, Paris, http://dx.doi.org/10.1787/9789264220522-fr

OCDE (2014b), *Towards Green Growth in Southeast Asia*, Études de l'OCDE sur la croissance verte, Éditions OCDE, Paris, http://dx.doi.org/10.1787/9789264224100-en.

OCDE (2014c), *Perspectives économiques de l'OCDE*, Éditions OCDE, Paris, http://dx.doi.org/10.1787/eco_outlook-v2014-2-fr.

OCDE (2012), *La valorisation du risque de mortalité dans les politiques de l'environnement, de la santé et des transports*, Éditions OCDE, Paris, http://dx.doi.org/10.1787/9789264169623-fr.

OCDE (2011), « Statistiques de la population active: Projections de la population », Statistiques de l'OCDE sur l'emploi et le marché du travail (base de données), http://dx.doi.org/10.1787/data-00538-fr (consulté le 3 mai 2016).

OCDE (2010), *Évaluation des risques environnementaux pour la santé des enfants*, Éditions OCDE, Paris, http://dx.doi.org/10.1787/9789264048805-fr.

OCDE (2006), *Analyse coûts-bénéfices et environnement : Développements récents*, Éditions OCDE, Paris, http://dx.doi.org/10.1787/9789264010079-fr.

OIT (Organisation internationale du travail) (2011), Estimates and Projections of the Economically Active Population: 1990-2020, 6e édition, OIT.

OMS (Organisation mondiale de la santé) (2014), Burden of disease from Household Air Pollution for 2012, l'Organisation mondiale de la santé, Genève 2014.

OMS (2013), Health risks of air pollution in Europe – HRAPIE project. Recommendations for concentration-response functions for cost-benefit analysis of particulate matter, ozone and nitrogen dioxide, Organisation mondiale de la santé, Bureau régional de l'Europe, Bonn, Allemagne, www.euro.who.int/en/health-topics/environment-and-health/air-quality/publications/2013/health-risks-of-air-pollution-in-europe-hrapie-project-recommendations-for-concentrationresponse-functions-for-costbenefit-analysis-of-particulate-matter,-ozone-and-nitrogen-dioxide (consulté le 3 mai 2016).

ONU (Nations Unies) (2015), World Population Prospects: The 2015 Revision, Key Findings and Advance Tables, Dossier de travail n° ESA/P/WP.241.

Piperno, D. et al. (2003), « The burden of COPD in France: results from the confronting COPD survey », *Respiratory Medicine*, mars, vol. 97, Suppl. C, pp. S33-S42.

PNUE (Programme des Nations Unies pour l'environnement) (2011), Near-term Climate Protection and Clean Air Benefits: Actions for Controlling Short-Lived Climate Forcers, Programme des Nations Unies pour l'environnement (PNUE), Nairobi, Kenya.

Rao, S. et al. (2016). A multi-model analysis of the co-benefits of climate change mitigation for global air quality, submitted to Environmental Research Letters.

Rao, S. et al. (2012), « Environmental Modeling and Methods for Estimation of the Global Health Impacts of Air Pollution », *Environmental Modeling and Assessment*, vol. 17, pp. 613-622.

Ready, R. et al. (2004). « Benefit transfer in Europe: How reliable are transfers between countries? », *Environmental and Resource Economics*, vol. 29, pp. 67-82.

Riahi, K., A. Gruebler et N. Nakicenovic (2007), « Scenarios of long-term socio-economic and environmental development under climate stabilization », *Technological Forecasting and Social Change,* vol. 74, n° 7, pp. 887-935.

Rosegrant, M.W. et al. (2012), « International Model for Policy Analysis of Agricultural Commodities and Trade (IMPACT) Model Description », Institut international de recherche sur les politiques alimentaires, www.ifpri.org/sites/default/files/publications/impactwater2012.pdf (consulté le 3 mai 2016).

Stieb, D.M., et al. (2002), « Economic evaluation of the benefits of reducing acute cardiorespiratory morbidity associated with air pollution », *Environmental Health*, vol. 1, n° 7.

Sue Wing, I. et K. Fisher-Vanden. (2013), « Confronting the Challenge of Integrated Assessment of Climate Adaptation: A Conceptual Framework », *Climatic Change*, vol. 117, n° 3, pp. 497-514.

Sue Wing, I. et E. Lanzi (2014), « Integrated Assessment of Climate Change Impacts: Conceptual Frameworks, Modelling Approaches and Research Needs », *Documents de travail de l'OCDE sur l'environnement*, n° 66, Éditions OCDE, Paris, http://dx.doi.org/10.1787/5jz2qcjsrvzx-en.

Van Dingenen, R. et al. (2009), « The global impact of ozone on agricultural crop yields under current and future air quality legislation », *Atmospheric Environment*, vol. 43, n° 3, pp. 604-618.

Vrontisi, Z. et al. (2016), « Economic impacts of EU clean air policies assessed in a CGE framework », *Environmental Science and Policy*, vol. 55, pp. 54-64.

Wagner, F. et Amann, M. (2009), GAINS (Greenhouse gas – air pollution interactions and synergies): analysis of the proposals for GHG reductions in 2020 made by UNFCCC Annex 1 countries by mid-August 2009, IIASA, Laxenburg, Autriche.

Wagner, F. et al. (2007), The GAINS Optimization Module as of 1 February 2007, Interim Report IR-07-004, IIASA, Laxenburg, Autriche.

Chapitre 3

Projections de la croissance économique et des impacts de la pollution de l'air extérieur

Ce chapitre passe en revue les principales évolutions socio-économiques projetées pour l'avenir à supposer qu'aucune nouvelle mesure environnementale ne vienne s'ajouter à celles déjà en place. Il présente des projections des émissions de polluants atmosphériques établies sur la base des projections économiques du modèle ENV-Linkages. Ce chapitre présente en outre les résultats concernant les concentrations des principaux polluants susceptibles d'avoir un impact sur la santé et les rendements agricoles. Il présente enfin les résultats concernant les impacts biophysiques en termes de décès prématurés, d'incidence croissante des maladies et de modifications des rendements agricoles.

3.1. Évolutions de l'activité économique et de la croissance

Les projections concernant l'activité économique sont basées sur un cadre de modélisation, le modèle ENV-Linkages de l'OCDE (Chateau et al., 2014) qui permet d'anticiper les tendances de l'activité économique sectorielle et régionale. Les projections du PIB et d'autres indicateurs économiques résultent d'une multitude de facteurs, notamment d'hypothèses concernant ce qu'on appelle les mégatendances, qui sont par exemple les évolutions démographiques et technologiques. Ces mégatendances sont propres à chaque pays. Par exemple, la structure par âge de la population de la République populaire de Chine (« la Chine » dans la suite du document) et de l'Inde sont différentes : alors qu'en Chine, le vieillissement de la population deviendra une tendance lourde dans les prochaines décennies, en Inde la population est beaucoup plus jeune. De même, bien que le taux de croissance annuel moyen du progrès technologique affiche actuellement les valeurs les plus hautes dans les économies émergentes, telles que la Chine, l'Inde et l'Indonésie, les projections indiquent un tassement des taux de croissance de ces pays, alors que ceux de nombreux pays en développement devraient augmenter.

Les projections régionales concernant l'évolution du PIB montrent que la croissance de l'activité économique mondiale se poursuivra dans les décennies à venir. Bien que la croissance économique mondiale ralentisse progressivement à long terme, le graphique 3.1 – qui illustre les projections hors rétroactions économiques de la pollution atmosphérique – montre que le niveau du PIB augmente quand même sensiblement au fil du temps. Selon les projections, la croissance la plus rapide a lieu en dehors de la zone OCDE, en particulier en Asie et en Afrique, qui ont un potentiel de croissance économique considérable. La part de la zone OCDE dans l'économie mondiale devrait tomber de 64 % en 2010, à 38 % en 2060. Ces projections cadrent avec les Perspectives économiques de l'OCDE (OCDE, 2014) et intègrent les principaux effets de la crise financière observés, du début de celle-ci jusqu'en 2013. Elles concordent également avec le scénario central du rapport OCDE@100 sur les scénarios à long terme (Braconier et al. 2014).

Graphique 3.1. **Évolution du PIB réel, projection hors rétroactions**

Milliards USD, taux de change PPA de 2010

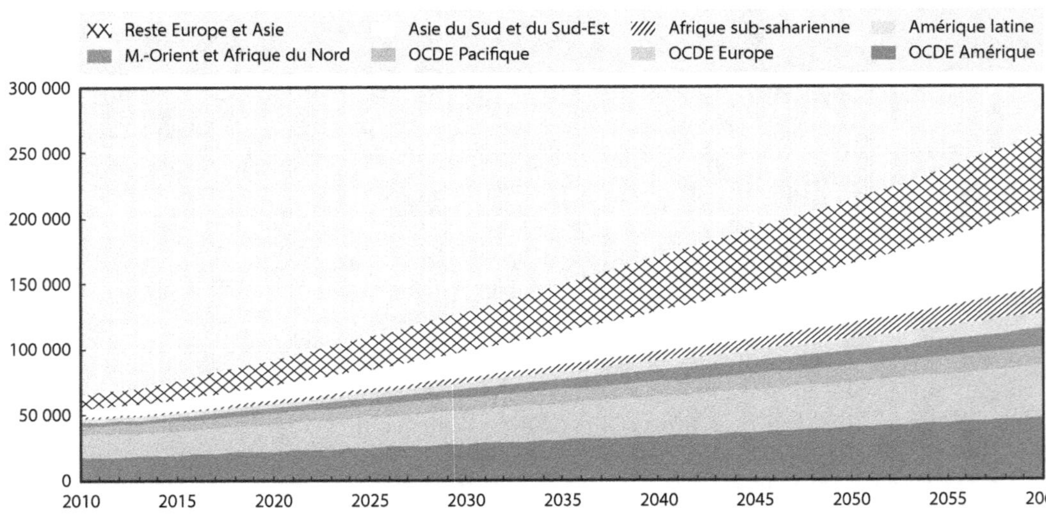

StatLink http://dx.doi.org/10.1787/888933406462

Source : OCDE (2014), pour les pays membres de l'OCDE et modèle ENV-Linkages pour les économies non membres de l'OCDE.

Le graphique 3.2 décrit l'évolution de la composition sectorielle des économies par région. La part des différents secteurs dans les économies de l'OCDE reste en général relativement stable, le secteur des services représentant plus de la moitié du PIB (c'est-à-dire de la valeur ajoutée). Toutefois, de nombreux changements fondamentaux, qui n'apparaissent pas ici, se produisent indubitablement au niveau sous-sectoriel.

Graphique 3.2. **Composition sectorielle du PIB par région, projection hors rétroactions**

Pourcentage du PIB, 2010, 2035 et 2060

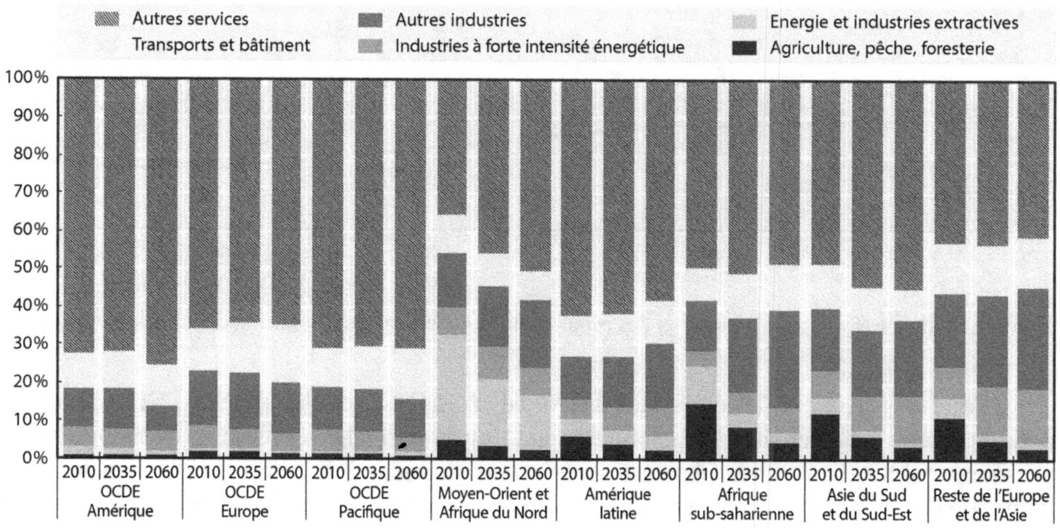

StatLink http://dx.doi.org/10.1787/888933406470

Source : Modèle ENV-Linkages.

Les grands pays exportateurs de pétrole du Moyen-Orient et d'Afrique du Nord devraient progressivement diversifier leurs économies pour réduire leur dépendance à l'égard des ressources énergétiques. Dans les pays en développement, la contribution de l'agriculture devrait continuer de reculer à un rythme soutenu. Cela ne signifie toutefois pas que la production agricole diminuera en termes absolus parce qu'un grand nombre de ces pays affichent des taux de croissance élevés; ces pays suivront en fait un processus d'industrialisation et, dans bien des cas, enregistreront un important développement de leur secteur des services. Le secteur de l'énergie et les industries extractives prennent de l'ampleur surtout en Asie du Sud et du Sud-Est et dans la région Reste de l'Europe et de l'Asie, ce qui dénote un recours accru aux combustibles fossiles et une forte hausse de l'utilisation d'électricité. Cela a d'importantes conséquences pour les émissions de polluants atmosphériques.

3.2. Projections des émissions de polluants atmosphériques

Les émissions de la plupart des polluants atmosphériques devraient augmenter durant les prochaines décennies, comme le montre le graphique 3.3. Cette évolution est conditionnée par les hypothèses fondamentales de référence concernant la croissance économique, qui ont été présentées à la section 3.1. Les émissions augmentent à l'échelle mondiale en raison de l'accroissement du PIB et de la demande d'énergie, en particulier dans certains pays en rapide expansion comme l'Inde et la Chine.

Graphique 3.3. **Projections des émissions dans le temps**

Indice par rapport à 2010

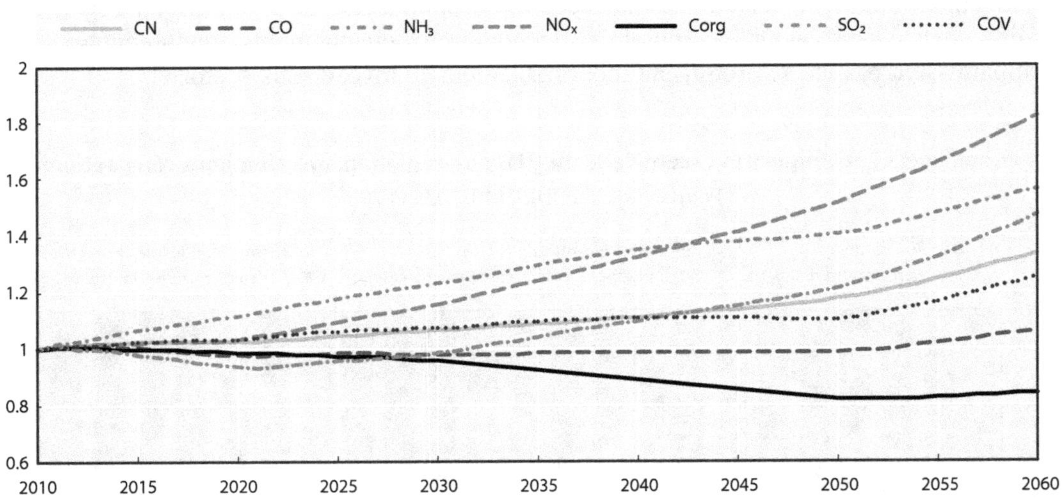

StatLink http://dx.doi.org/10.1787/888933406488

Source : Modèle ENV-Linkages, à partir des projections des coefficients d'émission du modèle GAINS.

Selon les projections, les émissions d'oxyde d'azote (NO_x) et d'ammoniac (NH_3) devraient connaître une augmentation particulièrement importante, les émissions de NO_x devant presque doubler d'ici 2060. Ces fortes variations tiennent à l'accroissement projeté de la demande de produits agricoles et d'énergie (transport et production d'électricité, compris) et au fait que la lutte contre les émissions de NO_x des centrales électriques et des chaudières industrielles reste assez limitée dans le monde en développement. Les émissions de tous les autres polluants augmentent aussi à l'exception de celles de carbone organique (C_{org}) qui s'infléchissent légèrement. Cette baisse s'explique par la diminution des émissions imputables à la demande d'énergie des ménages à la par suite de l'amélioration des rendements énergétiques due aux progrès technologiques, la consommation de carburants moins polluants et le remplacement des feux ouverts alimentés à la biomasse par des dispositifs utilisant de l'énergie plus propre, comme les foyers de cuisson améliorés – au GPL ou à l'éthanol. Il est intéressant de noter que les émissions de dioxyde de soufre (SO_2) devraient commencer par régresser, puis repartir à la hausse après 2030. La baisse initiale tient aux politiques actuelles qui rendent obligatoire la désulfuration des gaz de combustion même dans certains pays en développement (avant tout dans le secteur de l'électricité), mais cette tendance s'inverse à terme sous l'effet de l'augmentation de la demande d'énergie, qui fait croître les émissions.

Chaque gaz a un profil de sources d'émissions unique, comme le montre le graphique 3.4. Les sources d'émission considérées sont regroupées en plusieurs catégories : demande d'énergie des secteurs industriels, des services résidentiels et commerciaux et des transports, approvisionnements énergétiques, utilisation des terres et émissions issues des déchets, du traitement des eaux usées et des solvants.

À l'exception des émissions de NH_3, imputables pour la plupart à l'élevage et à l'utilisation des terres, notamment à l'application de fumier et d'engrais minéraux, les principales sources d'émission sont généralement liées aux processus de combustion et à l'utilisation d'énergie. Comme le confirme le rapport de l'AIE (2016), les émissions anthropiques de polluants atmosphériques sont principalement à mettre au compte du secteur de l'énergie.

Les émissions de NO_x et de SO_2 proviennent pour une large part des processus de combustion dans le secteur des transports, dans le premier cas, et de la production d'énergie (génération d'électricité), dans le second. Cependant, les émissions de NO_x sont majoritairement dues aux transports et aux activités industrielles tandis que les émissions de SO_2 proviennent presque totalement de sources industrielles, production d'électricité comprise. Aux États-Unis, par exemple, en 2010, les transports routiers (et ferroviaires) étaient une importante source d'émissions de NO_x (environ 33 %) tandis que les centrales électriques au charbon produisaient environ 70 % des émissions de SO_2. Les émissions de carbone noir (CN) et de C_{org} proviennent principalement des transports, premier émetteur dans les pays de l'OCDE, et de l'utilisation par les ménages et les entreprises de combustibles solides (pour la cuisine et le chauffage) dans les pays en développement. Au niveau local, les activités informelles (fabrication de briques, par exemple) et l'exploitation des terres (brûlage de biomasse à l'air libre, par exemple) peuvent être des sources d'émissions importantes. Les émissions de monoxyde de carbone (CO) et de composés organiques volatils (COV) proviennent à toutes les sources, encore que la contribution des approvisionnements énergétiques soit minime. Les émissions de COV sont principalement à mettre au compte des déchets et solvants.

Graphique 3.4. **Répartition sectorielle des émissions**

Pourcentage des émissions totales

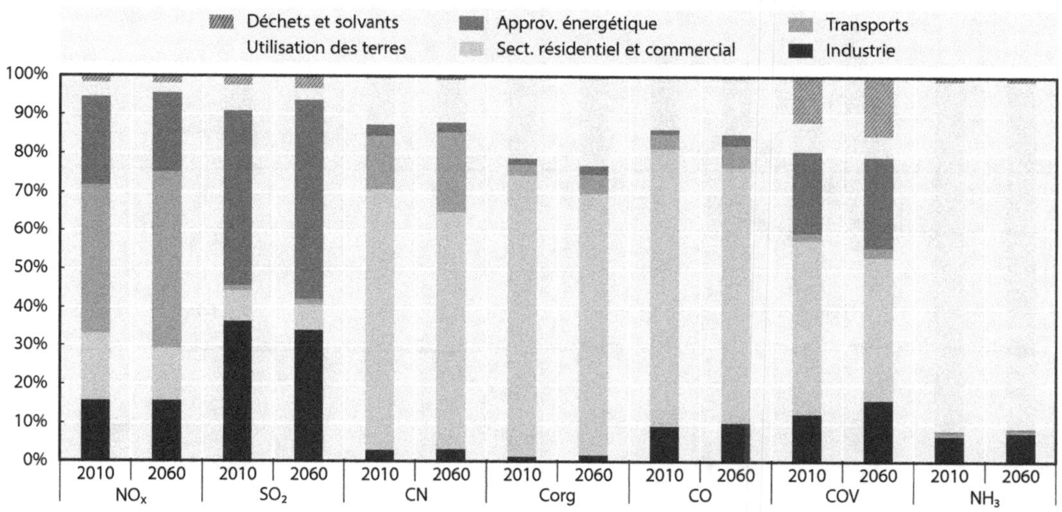

StatLink http://dx.doi.org/10.1787/888933406499

Source : Modèle ENV-Linkages, à partir des projections des coefficients d'émission du modèle GAINS.

Les sources d'émission ne changent guère au fil du temps, mais leur évolution ne suit pas le même rythme. Selon les projections, la part des émissions de sources industrielles augmentera pour tous les polluants. Celle des émissions liées à l'exploitation des terres devrait en revanche diminuer[1]. La contribution du secteur résidentiel et des services commerciaux aux émissions de CO devrait rester relativement stable. Les réductions des émissions du secteur résidentiel permises par le progrès technologique seront compensées par l'augmentation des émissions en réponse à la demande de transports et d'énergie industrielle. Enfin, les émissions d'autres sources, y compris les déchets et les solvants, augmenteront, en particulier les émissions de C_{org} et de COV.

Les émissions des différents polluants varient fortement selon les pays et les régions comme le montre le graphique 3.5. Les émissions de NO_x sont particulièrement élevées dans la région Reste de l'Europe et de l'Asie (qui comprend la Chine), mais sont aussi notables en Asie du Sud et du Sud-Est. Les émissions de SO_2 sont également importantes dans la région Reste de l'Europe et de l'Asie pour l'année de référence 2010, mais elles sont rattrapées par les émissions de la région Asie du Sud et du Sud-Est en 2060. Cette évolution

Graphique 3.5. **Émissions par région et par polluant**

Mégatonnes

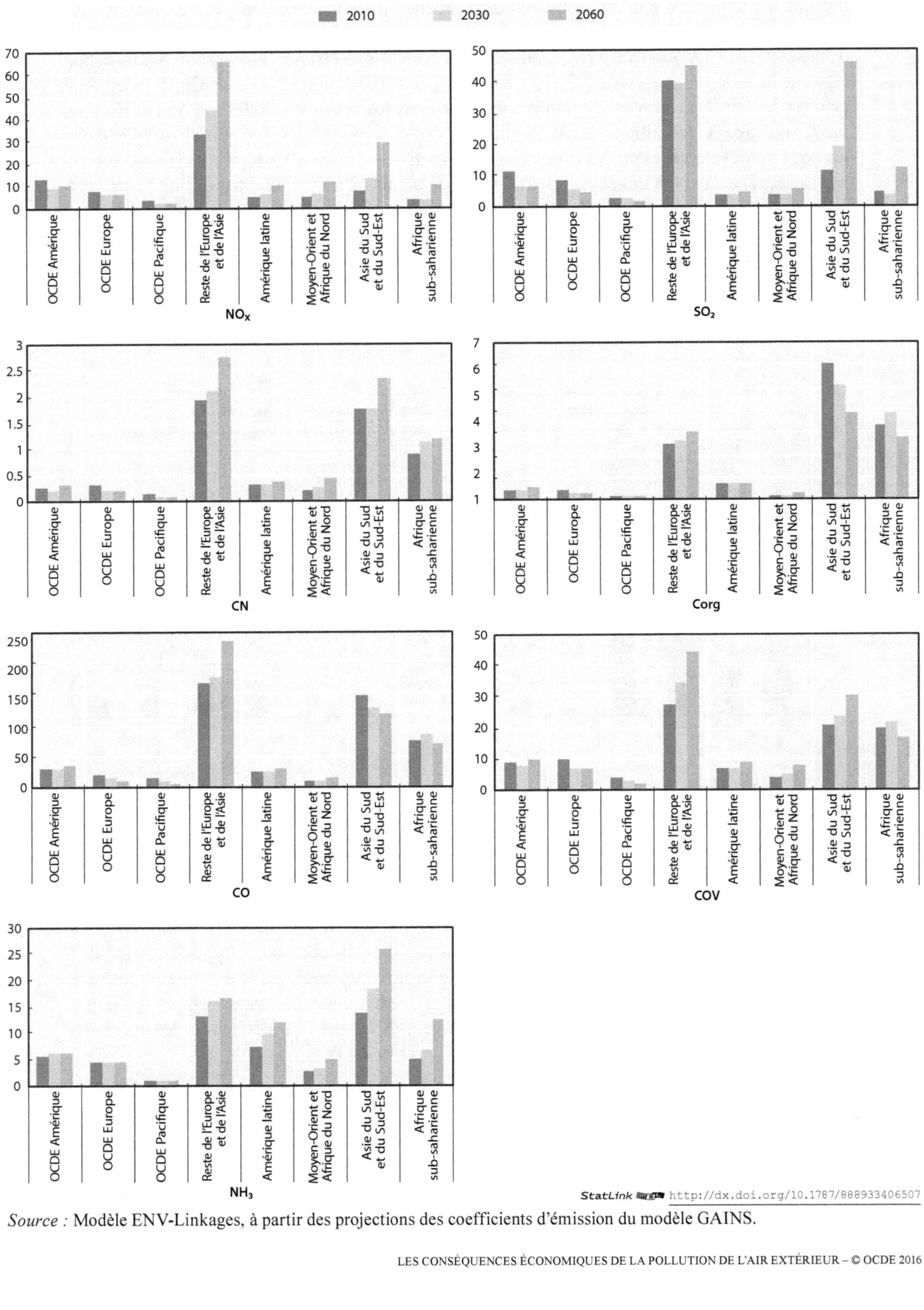

StatLink http://dx.doi.org/10.1787/888933406507

Source : Modèle ENV-Linkages, à partir des projections des coefficients d'émission du modèle GAINS.

s'explique principalement par la rapide progression des émissions en Inde et en Indonésie. Les émissions de CN et de C_{org}, de CO et de COV les plus élevées sont enregistrées dans les régions Reste de l'Europe et de l'Asie, Asie du Sud et du Sud-Est et Afrique subsaharienne. Enfin, les émissions de NH_3 sont particulièrement importantes dans la région Reste de l'Europe et de l'Asie et dans celle de l'Asie du Sud et du Sud-Est, mais, selon les projections, c'est dans cette dernière région qu'elles augmenteront le plus.

Les projections indiquent pour la plupart une hausse des émissions dans les économies non membres de l'OCDE, qui est plus accentuée qu'ailleurs dans la région de l'Asie du Sud et du Sud-Est. Les émissions de C_{org} et de CO constituent une exception, car elles diminuent dans les régions Asie du Sud et du Sud-Est et Afrique subsaharienne. Cette évolution tient essentiellement à l'amélioration de la situation dans le secteur résidentiel, les ménages ayant accès à une énergie plus propre, évolution qui fait écho aux mégatendances, notamment à l'urbanisation et l'électrification. Les émissions des pays de l'OCDE restent stables ou diminuent légèrement, bien que les projections fassent état d'une faible augmentation des émissions de tous les gaz à l'exception du NO_x et du SO_2 dans la région OCDE Amérique.

3.3. Projections des concentrations de particules et d'ozone

Les concentrations de polluants atmosphériques doivent, de manière générale, augmenter en même temps que les émissions de $PM_{2.5}$ et d'ozone dans la plupart des régions, même si comme on l'a vu au chapitre 2, les conditions climatiques et plusieurs autres facteurs influent sur les concentrations. Les cartes du graphique 3.6 indiquent les concentrations anthropiques annuelles moyennes de $PM_{2.5}$ pour l'année de référence (2010) et les projections pour les années 2030 et 2060 (les cartes des émissions globales, y compris les composants naturels de la poussière et du sel marin, figurent dans la partie droite du graphique). L'année de référence, les concentrations de $PM_{2.5}$ les plus fortes sont observées en Asie du Sud et de l'Est, et plus particulièrement en Chine et en Inde. Elles sont également élevées dans certaines parties de l'Amérique du Nord, de l'Europe et de l'Afrique. Selon les projections, les concentrations moyennes augmenteront sensiblement en Asie du Sud et de l'Est, ainsi que dans certaines régions d'Afrique. Elles devraient diminuer légèrement en Amérique du Nord et en Europe.

Les projections des concentrations moyennes de $PM_{2.5}$ montrent que plusieurs régions affichent des niveaux déjà bien supérieurs aux niveaux de référence recommandés par les lignes directrices de l'OMS relatives à la qualité de l'air (OMS, 2006) (voir l'encadré 3.1). Ces dernières recommandent de maintenir les concentrations annuelles moyennes à moins de 10 $\mu g/m^3$, mais spécifient aussi des cibles intermédiaires qui peuvent être atteintes grâce à des mesures de dépollution. La cible intermédiaire la plus élevée est de 35 $\mu g/m^3$ et est le produit d'estimations calibrées pour correspondre à un accroissement de 15 % du risque de mortalité à long terme par rapport à la cible recommandée.

Le chiffre de 10 $\mu g/m^3$ indiqué dans les lignes directrices de l'OMS ne doit pas être considéré comme un seuil en-deçà duquel il n'y aurait pas d'effets sur la santé. Il n'existe toujours pas de consensus, dans les études épidémiologiques, quant aux effets de faibles niveaux de concentration. Les recherches récentes, de Shi et al. (2016) par exemple, semblent montrer qu'il n'existe pas de valeur de seuil en-deçà de laquelle il n'y aurait pas d'impacts, et que même des niveaux de concentration inférieurs à 10 $\mu g/m^3$ pourraient entraîner des effets sur la santé. Le calcul de ces effets dans le présent rapport n'intègre pas de valeur de seuil et tient compte des impacts à des niveaux de concentration même faibles. Cependant, les lignes directrices de l'OMS définissent un point de référence utile pour apprécier la gravité des problèmes de pollution de l'air extérieur.

Graphique 3.6. **Concentrations de particules**

Moyenne annuelle totale PM2.5 ; anthropogénique à gauche et totale à droite, µg/m³

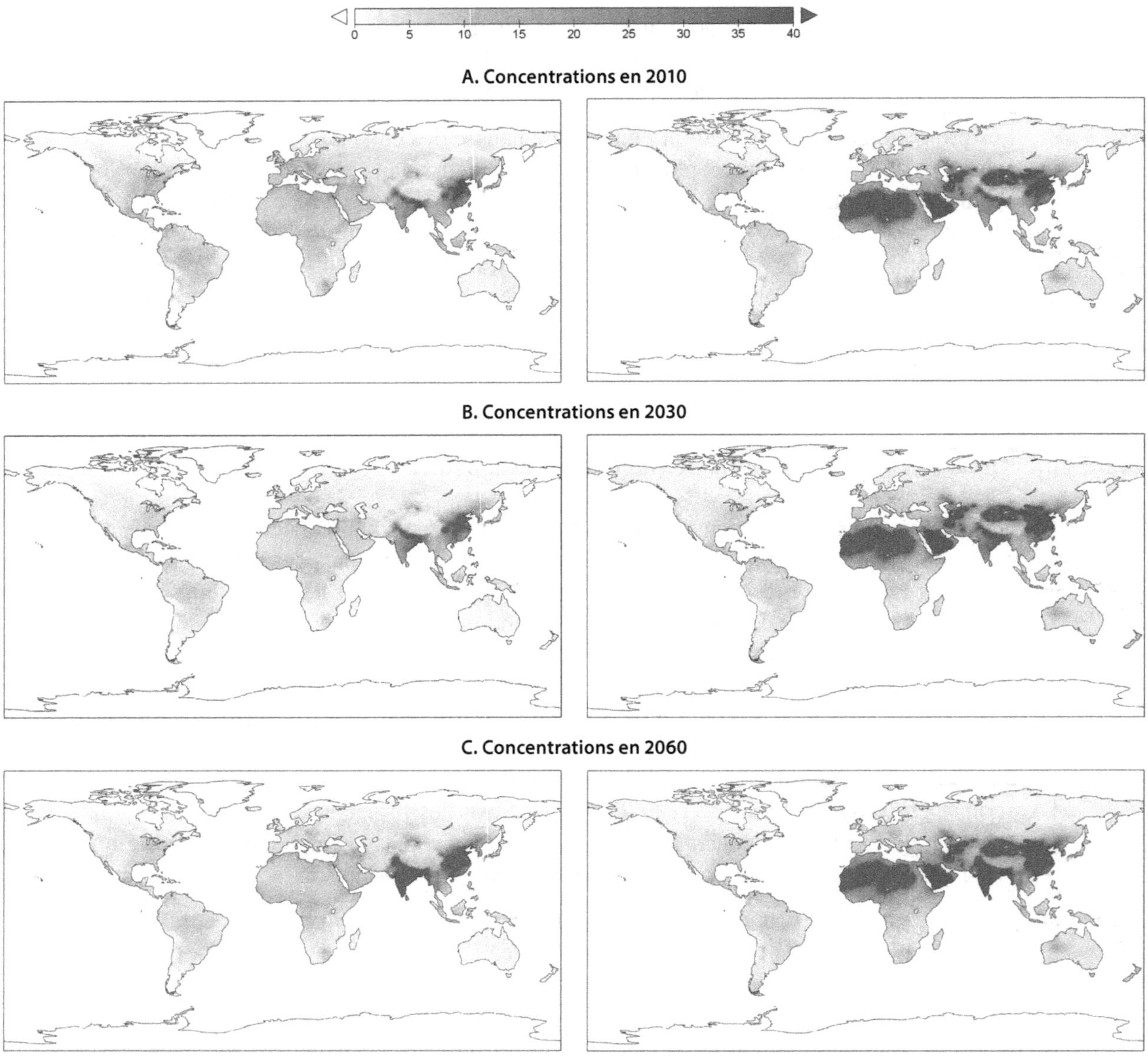

Note : Les cartes sont basées sur des concentrations fournies à une résolution de 1°x1°.

Source : Modèle TM5-FASST, d'après les projections des émissions du modèle ENV-Linkages.

Comme le montre le graphique 3.6, plusieurs régions du monde, plus particulièrement la Chine et l'Inde, affichaient déjà des concentrations supérieures à la cible intérimaire maximale en 2010, et ces dernières devraient encore s'accroître à l'horizon 2060. Alors que les cartes présentées dans le graphique 3.6 indiquent une plus faible coloration dans les régions de l'OCDE, ces niveaux sont supérieurs aux recommandations des lignes directrices OMS dans la plupart des régions, ce qui signifie que les effets sur la santé humaine et l'environnement sont toujours importants.

Moins de 4 habitants de la planète sur 10 vivent dans des zones conformes aux concentrations de $PM_{2.5}$ recommandées par les lignes directrices OMS relatives à la qualité de l'air (10 µg/m³). Des niveaux de concentration inférieurs à ce chiffre peuvent aussi avoir des effets sur la santé humaine. L'exposition de la population évolue également dans le temps. Le pourcentage de la population exposée à des concentrations annuelles moyennes de $PM_{2.5}$ supérieures à 35 µg/m³ qui, selon les estimations, s'élevait à 15 % en 2010, devrait selon les projections atteindre 30 % d'ici à 2060. L'augmentation devrait être encore plus forte en Chine et en Inde où la croissance des émissions et des concentrations est la plus marquée. Le pourcentage de la population exposée à des concentrations annuelles moyennes de $PM_{2.5}$ supérieures à 35 µg/m³ devrait passer de 40 % en 2010 à 65 % en 2060 en Chine et de 15 %, à 60 % en Inde. Alors qu'en Chine le pourcentage est déjà très élevé au départ, en Inde la part de la population exposée fait un bond en avant.

Encadré 3.1. **Lignes directrices OMS relatives à la qualité de l'air**

Les Lignes directrices OMS relatives à la qualité de l'air (OMS, 2006), définissent des valeurs cibles pour les concentrations de particules (PM_{10} et $PM_{2.5}$) et d'ozone en fonction des effets sanitaires associés à ces valeurs. Ces lignes directrices sont utiles pour déterminer les niveaux de concentration dont les effets sur la santé ne sont pas faibles. Le tableau 3.1 résume les caractéristiques des lignes directrices et des cibles concernant les $PM_{2.5}$ et l'ozone.

Tableau 3.1. **Valeurs cibles spécifiées dans les Lignes directrices de l'OMS relatives à la qualité de l'air**

	Cibles	Base de la concentration choisie
	$PM_{2.5}$ (moyenne annuelle $PM_{2.5}$, µg/m³)	
Cible intermédiaire 1	35	Risque de mortalité à long terme supérieur d'environ 15 % par rapport à la concentration des lignes directrices.
Cible intermédiaire 2	25	En plus des autres avantages qu'elles présentent pour la santé, ces concentrations abaissent le risque de mortalité prématurée de 2-11 % par rapport à la première cible intermédiaire.
Cible intermédiaire 3	15	En plus des autres avantages qu'elles présentent pour la santé, ces concentrations abaissent le risque de mortalité d'environ 2- 11 % par rapport à la deuxième cible intermédiaire.
Lignes directrices relatives à la qualité de l'air	10	Ce sont là les concentrations les plus faibles auxquelles on a montré que la mortalité totale augmente avec un degré de confiance supérieur à 95 % en réponse à une exposition à long terme aux PM2.5.
	Ozone (moyenne journalière maximum sur 8 heures, µg/m³)	
Fortes concentrations	240	Effets importants sur la santé ; proportion importante des populations vulnérables touchées.
Cible intermédiaire 1	160	Effets importants sur la santé ; ne fournit pas une protection suffisante sur le plan de la santé publique.
Lignes directrices sur la qualité de l'air	100	Confère une protection suffisante en santé publique, bien que certains effets puissent apparaître au-dessous de cette concentration.

Source : OMS (2006).

Les concentrations moyennes d'ozone troposphérique sont indiquées dans le graphique 3.7. Elles sont particulièrement élevées dans certaines régions d'Asie (notamment en Corée), au Moyen-Orient et dans la région Méditerranéenne mais elles dépassent également les valeurs guides pour la qualité de l'air dans de nombreuses autres régions de la zone OCDE et hors OCDE. Ces régions sont les plus touchées non seulement durant l'année de référence,

Graphique 3.7. **Concentrations d'ozone**

Moyenne maximale horaire diurne d'ozone sur six mois, M6M, en ppm

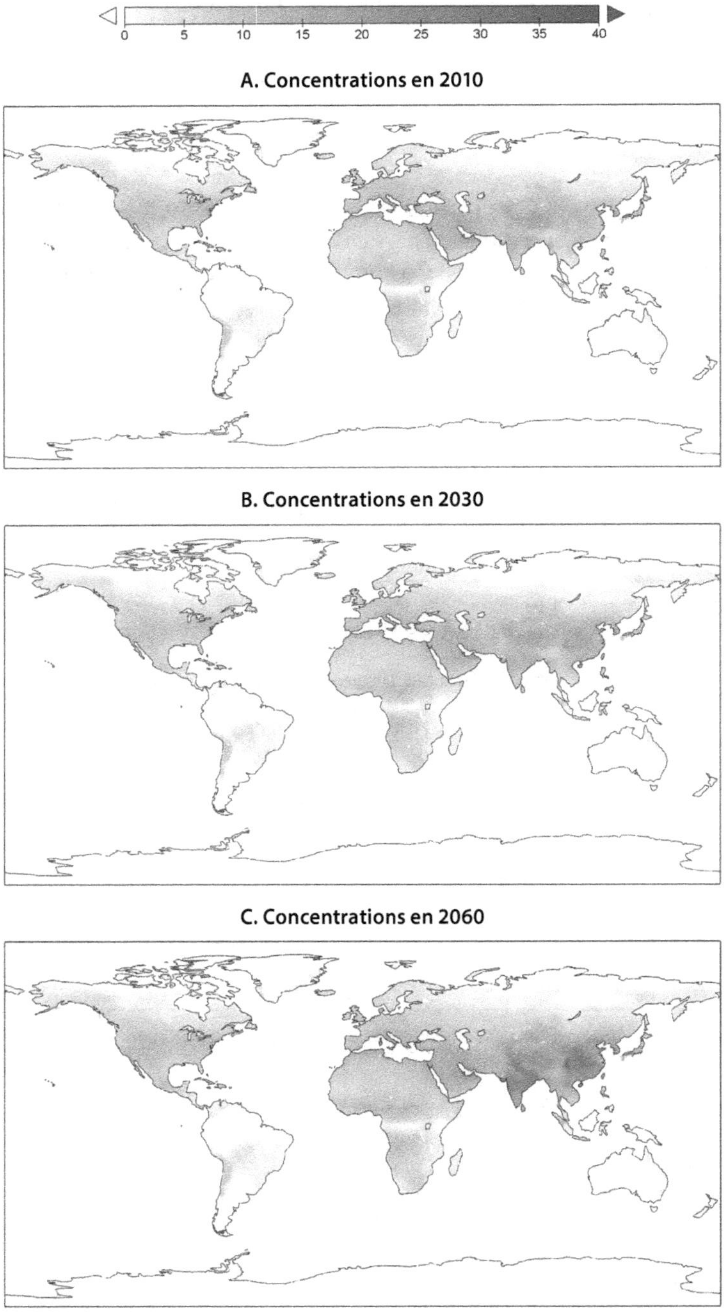

Note : Les cartes sont basées sur des concentrations fournies à une résolution de 1°x1°.

Source: Modèle TM5-FASST, d'après les projections des émissions du modèle ENV-Linkages.

mais aussi, selon les projections, en 2030 et 2060. Bien que la situation ne se modifie guère à l'horizon 2030, des changements plus importants ressortent des projections pour 2060. Selon ces dernières, certaines régions, notamment une partie du Moyen-Orient et de l'Asie (y compris la Chine et l'Inde) pourraient enregistrer des concentrations très élevées cette année-là (supérieures à une valeur moyenne horaire diurne maximale d'ozone de 120 parties par milliard sur six mois).

Les lignes directrices de l'OMS recommandent des niveaux moyens de concentrations d'ozone inférieurs à 100 ($\mu g/m^3$) sur huit heures et établissent la cible intermédiaire la plus élevée à une moyenne de 240 ($\mu g/m^3$) sur huit heures. Ces valeurs correspondent approximativement à des moyennes maximales diurnes sur six mois de 50 et de 120 parties par milliard. Comme le montrent les cartes, aucune région ne dépasse la cible intermédiaire la plus élevée fixée pour les concentrations moyennes en 2010. En revanche, selon les projections, plusieurs régions dépasseront la cible intermédiaire en 2060, notamment la Chine et l'Inde. Des concentrations aussi fortes auront d'importantes répercussions sur la santé et sur l'environnement; elles réduiront notamment les rendements agricoles, ce qui aura un impact sur la production agricole.

Dans le présent rapport, les concentrations de polluants ne sont le résultat que d'une étape intermédiaire des calculs des conséquences économiques de la pollution atmosphérique. Les moyennes présentées sont néanmoins de bons indicateurs de la gravité du problème. Des moyennes élevées signifient que, dans de nombreuses régions – en particulier dans les grandes agglomérations – les niveaux de pollution atmosphérique sont systématiquement supérieurs aux niveaux recommandés et qu'ils atteignent des niveaux extrêmement dangereux pour la santé humaine plusieurs jours par an. Cela s'est déjà produit dans plusieurs villes du monde; ce phénomène a des répercussions sur la santé et restreint aussi l'activité humaine. La situation ne fera que s'aggraver si des mesures ne sont pas prises pour réduire les émissions de polluants dans l'atmosphère.

3.4. Projections des impacts de la pollution de l'air extérieur sur la santé et l'agriculture

3.4.1. Décès prématurés

Selon les estimations, le nombre de décès prématurés dus à la pollution de l'air extérieur était déjà élevé ces dernières années (voir, par exemple Lim et al., 2012 et Forouzanfar, 2015), Forouzanfar, 2015), les personnes âgées et les enfants étant les plus touchés (OMS, 2014). L'un des éléments clés de l'estimation du nombre de décès prématurés dus à la pollution de l'air est la courbure de la fonction concentration-réponse pour un large éventail de concentrations observées. Pour l'année de référence 2010, les calculs du nombre de décès prématurés se fondent sur les travaux de Forouzanfar et al. (2015) concernant la charge de morbidité mondiale pour les $PM_{2.5}$ et de Lim et al. (2012) pour l'ozone. Dans les futures projections, la fonction concentration-réponse pour les $PM_{2.5}$ en particulier devient plus incertaine, les concentrations de $PM_{2.5}$ pondérées en fonction de la population devenant beaucoup plus élevées dans certains pays. Pour tenir compte de cette incertitude, différentes fonctions sont utilisées pour les $PM_{2.5}$: *(i)* une fonction linéaire correspondant à une simple relation linéaire entre les concentrations et le nombre de décès prématurés corrigé compte tenu de l'évolution des taux de mortalité, et *(ii)* une fonction non linéaire, dans laquelle le nombre de décès supplémentaires diminue à mesure que les concentrations augmentent. On trouvera dans l'annexe C des détails sur ces deux formulations de la fonction concentration-réponse.

Selon les calculs, le nombre de décès prématurés causés par la pollution de l'air extérieur durant l'année de référence 2010 s'élevait à près de 3 millions dans le monde (ce qui correspond aux résultats de Forouzanfar et al., 2015). Les projections évaluent le nombre total de décès prématurés dus à la pollution de l'air extérieur à l'échelle mondiale à entre 6 millions et 9 millions en 2060 (selon que l'on utilise une fonction concentration-réponse linéaire ou non linéaire). Cette forte augmentation est à mettre au compte, non pas uniquement de la hausse des concentrations de $PM_{2.5}$ et de O_3, mais aussi de l'augmentation et du vieillissement de la population et de l'urbanisation (qui accroît aussi l'exposition).

Les fortes concentrations de $PM_{2.5}$ sont à l'origine de la plupart des décès prématurés. En 2010, près de 95 % des décès prématurés dus à la pollution de l'air à l'échelle mondiale sont liés

Tableau 3.2. **Décès prématurés dus à l'exposition aux particules et à l'ozone**

Nombre de décès prématurés dus à la pollution de l'air extérieur, milliers de personnes

		2010	2030		2060	
			Non linéaire	Linéaire	Non linéaire	Linéaire
OCDE Amérique	Canada	8	10	10	13	14
	Chili	3	4	4	7	6
	États-Unis	14	21	21	42	42
	Mexique	93	92	99	122	128
OCDE Europe	Quatre grands UE	111	97	98	89	95
	Autres UE OCDE	90	87	84	99	97
	Autres OCDE	28	37	35	65	64
OCDE Pacifique	Australie et Nouv.-Zél.	2	2	3	3	4
	Japon	60	78	76	77	80
	Corée	17	31	30	52	54
Reste de l'Europe et de l'Asie	Chine	905	1 374	1 492	2 065	2 711
	UE non-OCDE	33	26	25	23	22
	Russie	119	106	107	93	93
	Région Caspienne	44	69	69	111	116
	Autres Europe	74	57	56	49	49
Amérique latine	Brésil	36	48	48	73	73
	Autres Amérique latine	38	52	53	87	87
Moyen-Orient et Afrique du Nord	Moyen-Orient	52	85	95	191	229
	Afrique du Nord	52	65	62	107	112
Asie du Sud et du Sud-Est	ANASE 9	102	152	155	286	343
	Indonésie	57	80	81	113	116
	Inde	613	788	926	1 553	3 351
	Autres Asie	202	253	253	509	811
Afrique sub-saharienne	Afrique du Sud	12	8	9	11	11
	Autres Afrique	167	178	180	323	334
OCDE		*428*	*459*	*460*	*569*	*584*
Non-OCDE		*2 505*	*3 339*	*3 610*	*5 593*	*8 459*
Monde		*2 933*	*3 799*	*4 070*	*6 162*	*9 043*

StatLink http://dx.doi.org/10.1787/888933406673

Note : Compte tenu de la courbure des fonctions et du fait que les chiffres ont été arrondis, les effets de la projection non linéaire peuvent dans certains cas apparaître légèrement plus marqués que ceux de la projection linéaire ; cela affecte uniquement les résultats concernant des niveaux de concentration faibles et modestes.

aux particules. Leur contribution à la mortalité varie selon les régions. Elle est plus faible en Inde (89 %) et plus forte dans des régions comme le Canada où les particules sont responsables de presque tous les décès prématurés liés à la pollution de l'air extérieur. Si les particules sont la cause de la plus grande part des décès, la mortalité due à l'ozone devrait augmenter à mesure que les concentrations d'ozone s'élèvent et deviennent plus dangereuses pour la santé humaine. Selon les projections, d'ici à 2060, la contribution de l'ozone au nombre total de décès prématurés augmente pour atteindre 7-10 %. En Inde, ce chiffre pourrait aller jusqu'à 20 %.

Le nombre de décès prématurés est inégalement réparti entre les régions du monde. Comme on le voit au tableau 3.2, les chiffres les plus élevés sont relevés dans les économies non membres de l'OCDE, en particulier en Chine et en Inde. C'est également dans ces régions que l'augmentation du nombre de décès prématurés à l'horizon 2060 est la plus marquée. Le nombre de décès prématurés en Chine représente 31 % du total mondial en 2010 et 30-34 % en 2060. Si ce pourcentage reste relativement stable pour la Chine, il est en forte progression pour l'Inde et passe de 21 % en 2010 à 27-35 % en 2060. L'augmentation devrait être plus faible dans les pays de l'OCDE puisque le nombre de décès prématurés, qui s'élevait à 430 000 en 2010, se situe autour de 570-580 000 en 2060. La proportion de décès prématurés dus à la pollution de l'air extérieur dans les pays de l'OCDE diminue dans le temps (de 15 % du total mondial en 2010 à 6-9 % en 2060). En particulier, le nombre de décès prématurés aux États-Unis passe de 3 % en 2010 à 1-2 % du total mondial en 2060, et de 8 % en 2010, à 2-3 % dans l'UE.

La fourchette des résultats projetés en 2060 est plus large dans certaines régions que dans d'autres. Dans les régions où les concentrations sont limitées, il n'y a pratiquement pas de différence entre les résultats obtenus avec l'une et l'autre fonction. Dans les régions où les concentrations connaissent une forte hausse, notamment en Inde et en Chine, mais aussi en Asie du Sud et du Sud-Est, la fourchette peut être assez ample. Les concentrations projetées sont plus élevées en appliquant la fonction linéaire étant donné qu'elle considère que le nombre de décès prématurés continue d'augmenter sensiblement en présence de fortes concentrations de PM.

Graphique 3.8. **Nombre de décès prématurés dus à l'exposition aux particules et à l'ozone**

Nombre de décès causés par la pollution de l'air extérieur par an par million de personnes

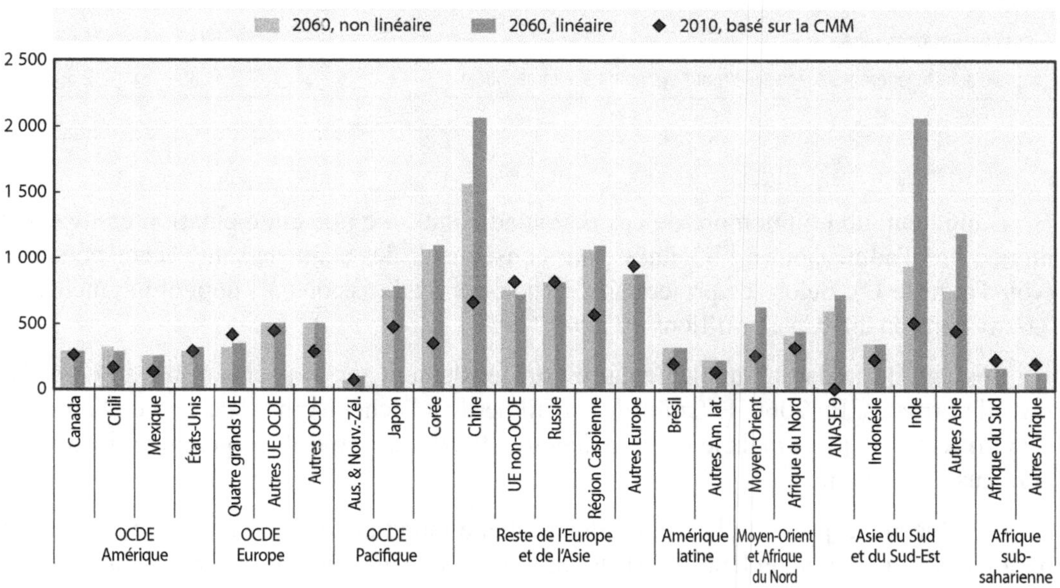

StatLink http://dx.doi.org/10.1787/888933406511

Comme on l'a déjà vu, la hausse du nombre de décès est en partie due à la croissance de la population, qui fait également augmenter le nombre de personnes exposées à la pollution de l'air. Certaines régions parmi les plus touchées sont aussi à forte densité de population. Cependant, même si l'on considère le nombre de décès prématurés par million de personnes (graphique 3.8), les chiffres indiqués dans les projections sont extrêmement élevés en Inde et en Chine. L'Afrique, l'Océanie et l'Amérique latine affichent en revanche les chiffres les plus bas en termes de décès prématurés par million de personnes.

3.4.2. Maladies

Comme indiqué précédemment, la hausse des concentrations de $PM_{2.5}$ et d'ozone accroîtra aussi le nombre de cas de maladies et, par conséquent, le nombre d'admissions à l'hôpital, le montant des dépenses de santé et le nombre de jours de maladie ou d'activité restreinte, ce qui nuira à la productivité du travail.

Le tableau 3.3 récapitule les impacts sur la santé à l'échelle mondiale. Le nombre de cas de bronchite devrait fortement augmenter pour passer de 12 à 36 millions de nouveaux cas par an chez les enfants âgés de 6 à 12 ans, et de 3.5 à 10 millions chez les adultes[2]. Les enfants souffrent aussi d'asthme, et le nombre de jours durant lesquels les sujets âgés de 5 à 19 ans manifestent des symptômes de cette maladie évolue à la hausse.

Tableau 3.3. **Impacts sur la santé à l'échelle mondiale**

	2010	2060
Maladies respiratoires (nombre de cas en millions)		
Bronchite, enfants âgés de 6 à 12 ans	12	36
Bronchite chronique (adultes, cas)	3.5	10
Jours caractérisés par des symptômes d'asthme (nombre de jours en millions)		
Jours caractérisés par des symptômes d'asthme (sujets âgés de 5 à 19 ans)	118	360
Coûts des soins de santé (nombre d'admissions en millions)		
Admissions à l'hôpital	3.6	11
Jours d'activité restreinte (nombre de jours en millions)		
Jours de travail perdus	1 240	3 750
Jours d'activité restreinte	4 930	14 900
Jours d'activité légèrement restreinte (pour symptômes asthmatiques)	630	2 580

StatLink http://dx.doi.org/10.1787/888933406684

L'augmentation du nombre de cas de maladie entraîne une augmentation équivalente du nombre d'admissions à l'hôpital et, par conséquent, des coûts de santé correspondants (voir l'annexe C). Selon les projections, le nombre d'admissions à l'hôpital augmente de 3.6 millions en 2010, à 11 millions en 2060.

Les cas de maladie supplémentaires ont également un impact sur les activités de travail normales. En 2060, le temps de travail perdu à l'échelle mondiale sera de l'ordre de 3.75 milliards de jours mais le nombre de jours d'activité restreinte (légèrement restreinte) aura aussi augmenté.

Le tableau 3.3 présente les résultats à l'échelle mondiale, mais il existe des disparités régionales qui correspondent aux différents degrés de concentration des polluants, aux niveaux d'exposition des différentes régions et aux caractéristiques démographiques de la population. Les coûts sanitaires supplémentaires associés à ces impacts varient également à l'échelle mondiale, en fonction des différentes capacités et du financement des systèmes de santé et des coûts moyens des admissions à l'hôpital.

Comme indiqué à la section 2.6, le nombre supplémentaire de cas de maladie et d'admissions à l'hôpital est utilisé pour calculer la dépense totale de santé à l'aide des valeurs unitaires fixées dans chaque cas. Le nombre de jours perdus permet de calculer la modification de la productivité du travail, comme l'indique la section 2.7. La dépense de santé supplémentaire totale et les variations de la productivité du travail sont ensuite injectées dans le modèle ENV-Linkages pour calculer les coûts marchands correspondants. Les résultats concernant ces coûts sont présentés dans le chapitre 4.

Les résultats concernant le nombre de cas de maladie, d'admissions à l'hôpital et de jours d'activité restreinte (légèrement restreinte) supplémentaire sont aussi utilisés pour calculer les coûts en bien-être (douleurs et souffrance) en multipliant les résultats obtenus pour chaque impact par la valeur unitaire appropriée, comme cela est expliqué à la section 2.8. Ces coûts non marchands sont présentés au chapitre 5.

3.4.3. Impacts sur les rendements agricoles

Les concentrations élevées de polluants, en particulier d'ozone, font baisser les rendements agricoles et ont donc un impact sur la productivité agricole. Le graphique 3.9 présente la modification des rendements agricoles par région pour l'année 2060, exprimée en pourcentage de variation par rapport aux projections hors rétroactions. Ce graphique présente des chiffres couvrant les différentes cultures, et des chiffres séparés pour le riz et le blé.

Graphique 3.9. **Impacts de la pollution de l'air extérieur sur les rendements agricoles**

Variation en pourcentage par rapport à la projection hors rétroactions, 2060

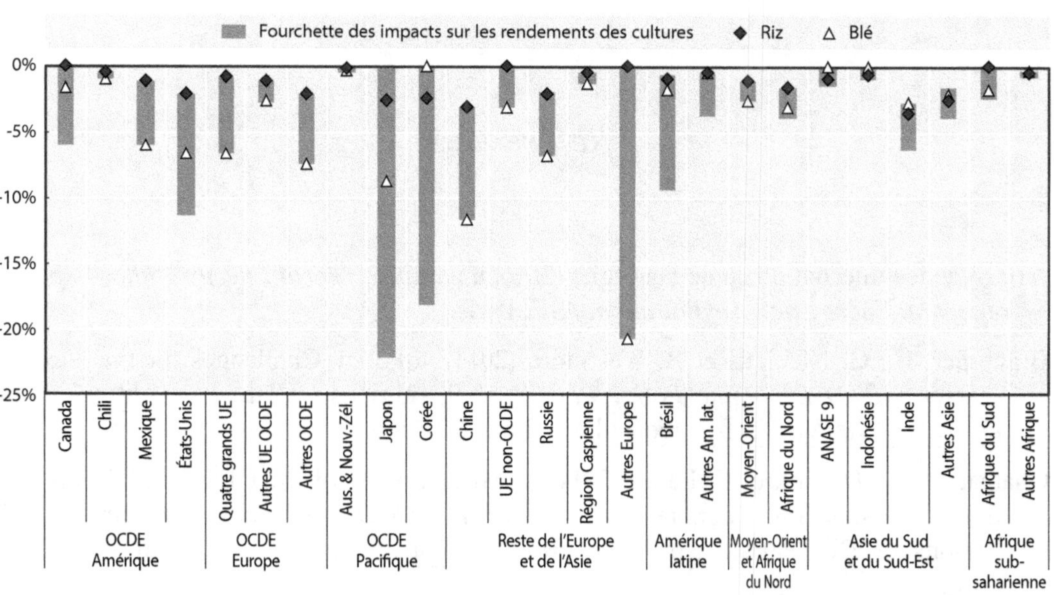

StatLink http://dx.doi.org/10.1787/888933406529

Source : Calculs des auteurs, d'après le modèle TM5-FASST et Mills et al. (2007).

Selon les calculs effectués au moyen du modèle TM5-FASST et dans le droit fil des études plus générales consacrées à ce sujet (par exemple Mills et al., 2007 ; Chuwah et al., 2015), on observe un impact négatif sur les rendements agricoles dans toutes les régions, avec d'importantes différences entre les régions et les cultures. Dans beaucoup de régions, le blé et les oléagineux sont davantage affectés que les autres cultures, et plusieurs pays de l'OCDE subissent des pertes importantes, notamment le Japon, la Corée et les États-Unis pour les oléagineux, et la Chine et la zone Autres Europe pour le blé.

Dans certaines régions, les effets de la pollution de l'air extérieur sur les rendements agricoles sont faibles. Par exemple, au Chili, dans les régions Autres OCDE et Autres Afrique, en Australie et Nouvelle-Zélande, et en Indonésie, ils sont beaucoup moins marqués que dans les autres régions. Les effets sur les rendements agricoles sont pris en compte dans le modèle ENV-Linkages aux fins de l'évaluation des coûts marchands. Les résultats sont présentés au chapitre 5. Les différences régionales peuvent avoir des répercussions sur la compétitivité de sorte que les régions les moins touchées pourraient même bénéficier de retombées économiques positives.

Notes

1. Cela pourrait tenir en partie à la sous-estimation des émissions des brûlages des forêts, de la savane et des terres agricoles.
2. Les épisodes de bronchite n'ont pas la même durée chez l'enfant et l'adulte. Chez l'enfant, ils durent généralement 2 semaines environ, tandis que chez l'adulte, la maladie peut devenir chronique une fois qu'elle s'est déclarée.

Références

AIE (Agence internationale de l'énergie) (2016, à paraître), *World Energy Outlook special report on Energy and Air Pollution*, AIE, Paris.

Braconier, H., G. Nicoletti et B. Westmore (2014), « Policy Challenges for the Next 50 Years », *OECD Economic Policy Papers*, n° 9, Éditions OCDE, Paris, http://dx.doi.org/10.1787/5jz18gs5fckf-en (consulté le 3 mai 2016).

Chateau, J., R. Dellink et E. Lanzi (2014), « An Overview of the OECD ENV-Linkages Model: Version 3 », *Documents de travail de l'OCDE sur l'environnement*, n° 65, Éditions OCDE, Paris, http://dx.doi.org/10.1787/5jz2qck2b2vd-en (consulté le 3 mai 2016).

Chuwah, C. et al. (2015), « Global impacts of surface ozone changes on crop yields and land use », *Atmospheric Environment*, vol. 106, pp. 11-23.

Forouzanfar, M.H. et al. (2015), « Global, regional, and national comparative risk assessment of 79 behavioural, environmental and occupational, and metabolic risks or clusters of risks in 188 countries, 1990-2013: a systematic analysis for the Global Burden of Disease Study 2013 », *The Lancet*, vol. 386, n° 10010, pp. 2287-2323.

Lim, S.S. et al. (2012), « A comparative assessment of burden of disease and injury attributable to 67 risk factors and risk clusters in 21 regions, 1990-2010: A systematic analysis for the Global Burden of Disease Study 2010 », *The Lancet,* vol. 380, pp. 2224-2260.

Mills, G. et al. (2007), « A synthesis of AOT40-based response functions and critical levels of ozone for agricultural and horticultural crops », *Atmospheric Environment*, vol. 41, pp. 2630-2643.

OCDE (2014), *Perspectives économiques de l'OCDE*, Éditions OCDE, Paris, http://dx.doi.org/10.1787/eco_outlook-v2014-2-fr (consulté le 3 mai 2016).

OMS (Organisation mondiale de la santé) (2014), *Burden of disease from Household Air Pollution for 2012*, l'Organisation mondiale de la santé, Genève 2014.

OMS (2006), *Air Quality Guidelines: Global Update 2005.* www.euro.who.int/__data/assets/pdf_file/0005/78638/E90038.pdf?ua=1 (consulté le 3 mai 2016).

Shi, L. et al. (2016), « Low-concentration PM2.5 and mortality: estimating acute and chronic effects in a population-based study », *Environmental Health Perspectives*, vol. 124, n° 1, pp. 46-52.

Chapitre 4

Conséquences de la pollution de l'air extérieur pour la croissance économique

Ce chapitre présente les résultats des simulations numériques effectuées à l'aide du modèle ENV-Linkages sur les coûts macroéconomiques de la pollution de l'air extérieur. Il commence par exposer les résultats relatifs à chaque impact, pris isolément, examiné dans le rapport, puis fournit une illustration des impacts considérés dans leur ensemble. Ce chapitre est principalement axé sur les impacts marchands et les coûts macroéconomiques, mais il aborde également les conséquences régionales et sectorielles. Les résultats englobent aussi bien les impacts marchands directs, liés par exemple aux rendements agricoles, que les impacts indirects concernant par exemple l'évolution des flux commerciaux internationaux sous l'effet des modifications régionales des rendements agricoles.

4.1. Conséquences économiques d'impacts marchands particuliers

Les impacts marchands décrits au chapitre 3 sont intégrés dans le modèle économique ENV-Linkages afin d'évaluer leur incidence sur l'activité économique des différents secteurs, agents et régions. Chaque impact est associé à une fonction économique précise du système économique : les pertes de productivité du travail découlent des jours de travail perdus ; l'augmentation des dépenses de santé publique, tant au niveau des pouvoirs publics que des ménages, découlent de la dégradation de la santé des individus associée à une hausse de la pollution ; enfin des baisses de productivités du secteur agricole découlent de la détérioration des rendements agricoles. Les conséquences économiques sont évaluées pour la période 2015-60.

4.1.1. Conséquences des impacts sur la productivité du travail

Les jours de travail perdus, pour des raisons de santé associées à la pollution atmosphérique, ont des effets directs sur le marché du travail dans la mesure où ils réduisent la productivité de la main-d'œuvre et, par conséquent, sa contribution au produit intérieur brut (PIB). Les effets exercés sur l'offre de travail, dus aux décès, ne sont pas pris en compte dans la projection centrale ; ils sont toutefois examinés dans une spécification différente présentée à la section 4.3. Le graphique 4.1A reporte les modifications de PIB par région (exprimée par l'écart par rapport à la projection hors rétroactions) en 2060, décomposées en fonction : *(i)* de l'effet direct sur la main-d'œuvre (choc de productivité), *(ii)* des effets indirects découlant des ajustements sur les marchés du travail (effets sur les salaires et sur les réallocations sectorielle de la main-d'œuvre), *(iii)* d'un effet sur les marchés financiers (par suite de l'ajustement de l'accumulation de capital à l'épargne des ménages), et *(iv)* de l'évolution d'autres composantes du PIB (notamment la modification des recettes fiscales et de la valeur ajoutée provenant des terres et des ressources naturelles). Le choc de productivité direct peut être considéré comme mesurant les coûts directs de l'impact marchand, tandis que les autres éléments pris ensemble comprennent les coûts marchands indirects.

L'effet direct des impacts sur la productivité du travail est négatif dans toutes les régions : la pollution atmosphérique abaisse la production par travailleur, ce qui ralentit la croissance économique. Le PIB mondial en 2016 est inférieur de 0.1 % au niveau projeté dans le cas d'une absence d'effets de rétroaction de la pollution de l'air extérieur sur l'économie. Or ce choc de productivité entraîne des ajustements dans toute l'économie (composantes ii à iv), et provoque une perte de PIB mondial de 0.4 % en 2060. À titre d'exemple, une partie de la main-d'œuvre se déplace des secteurs qui peuvent compenser la moindre efficacité du travail par un recours plus intense au capital vers des secteurs où le choc de productivité nécessite l'emploi d'un plus grand nombre de personnes. La structure de la demande s'ajuste aussi à l'évolution des coûts de production dans les différents secteurs. Le ralentissement de l'activité économique a toutefois également un effet négatif sur la valeur ajoutée totale du travail. Dans la mesure où le choc de productivité s'applique à tous les secteurs de l'économie, il n'est guère possible d'atténuer ce choc en redéployant la main-d'œuvre entre les secteurs. Dans l'ensemble, l'effet indirect sur la rémunération du travail en proportion du PIB est négatif dans la plupart des régions, mais moins marqué que l'effet direct (moins de 0.1 % à l'échelle mondiale, encore que le ratio entre l'effet direct et l'effet indirect diffère selon les régions)[1].

L'effet sur le stock de capital physique est négatif et s'accentue au cours du temps. Les ménages réagissent à la baisse des revenus salariaux imputable aux impacts de la pollution en réduisant leurs dépenses et leur épargne, de sorte que les capitaux pouvant être investis diminuent et que l'accumulation de capital se ralentit[2]. L'effet négatif sur le capital est donc particulièrement important dans les régions où la perte de revenus engendrée par le choc de productivité du travail est marquée, comme en République populaire de Chine (« la Chine » dans la suite du document), qui affiche une perte du PIB de plus de 1 %. Il est

Graphique 4.1. **Évolution du PIB due aux impacts sur la productivité du travail, projection centrale**

Variation en pourcentage par rapport à la projection hors rétroactions

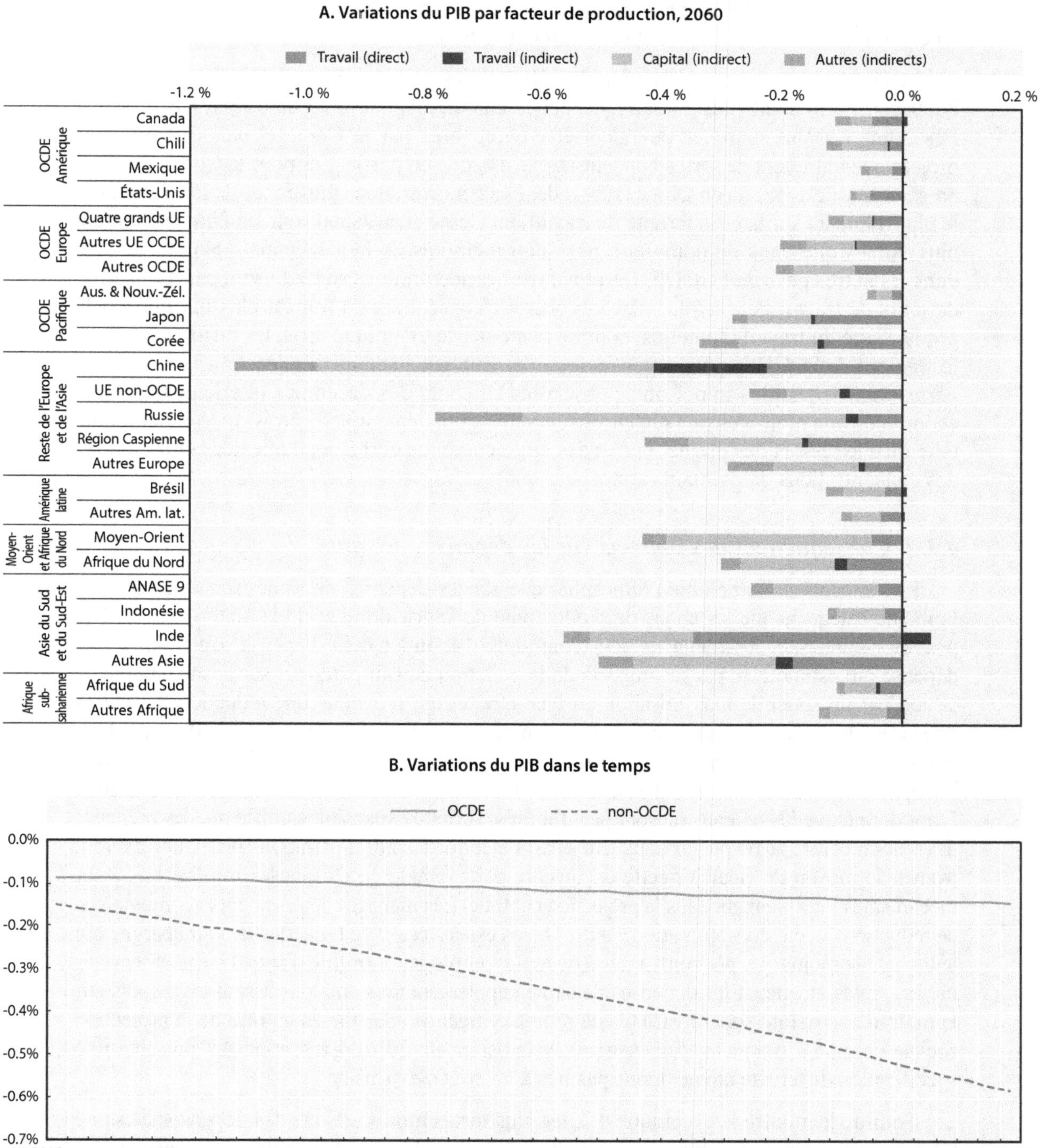

StatLink http://dx.doi.org/10.1787/888933406538

Source : Modèle ENV-Linkages.

intéressant de noter que l'effet sur le capital est beaucoup plus faible en Inde, même si ce pays, comme la Chine, devra selon les projections enregistrer de très fortes augmentations des concentrations et d'importantes réductions de la productivité du travail. La principale différence entre les deux régions tient au fait que la propension marginale à épargner (et l'intensité en capital de la production) est actuellement beaucoup plus faible en Inde qu'en Chine. La baisse des revenus amènera donc les ménages indiens a essentiellement réduire leur consommation tandis qu'elle aura un effet plus marqué sur l'épargne en Chine. Au cours des décennies qui suivent, durant lesquelles les taux d'épargne devraient augmenter en Inde, cette dernière sera dans une position plus favorable parce que ses pertes de revenus en capital auront été initialement relativement minimes.

Les projections de la contraction du PIB établies pour les pays de l'OCDE à l'horizon 2060 sont nettement plus faibles que celles calculées pour les grands pays émergents. Les effets les plus marqués devraient être enregistrés par la Corée et par le Japon. Les projections indiquent de fortes concentrations d'ozone en particulier pour la Corée, qui sont presque aussi élevées qu'en Chine et en Inde. Les concentrations moyennes de $PM_{2.5}$ (qui ont le plus d'impact sur la productivité du travail) en Corée et au Japon sont, en 2060, nettement plus faibles que dans de nombreux pays non membres de l'OCDE, mais plus fortes que dans les autres pays de l'OCDE. De plus fortes concentrations se traduisent par un nombre de jours de travail perdus plus élevé et ont, par conséquent un impact plus marqué sur la productivité du travail. Toutefois, comme le montre le graphique 4.1B, les différences entre les régions de l'OCDE et les autres régions s'accentuent au cours des décennies à venir. Les pertes de PIB les plus importantes observées au cours des décennies ultérieures dans les économies non membres de l'OCDE résultent essentiellement de la croissance économique telle qu'elle ressort des projections et des augmentations correspondantes des émissions et des concentrations de polluants atmosphériques.

4.1.2. Conséquences des impacts sur les dépenses de santé

Les impacts de la pollution atmosphérique sur les dépenses de santé n'entrent pas dans la même catégorie que les chocs de productivité de l'agriculture et de la main-d'œuvre. Les pouvoirs publics et les ménages sont contraints d'assumer cette dépense, c'est-à-dire une dépense qui est motivée par les impacts de la pollution de l'air extérieur sur la santé publique et non par un souci de maximisation du bien-être, et qui provoque une réduction des autres dépenses, de sorte qu'elle a un effet sur la demande et non sur la productivité[3]. Il existe deux manières de faire face à ce type de choc sur la demande : soit réduire les dépenses des autres biens et services (effet d'éviction), soit accroître le montant total des dépenses (effet d'expansion). Étant donné que les revenus ne sont pas illimités, l'effet d'expansion signifie que les ménages devront en contrepartie puiser dans leur épargne et que les administrations publiques devront trouver le moyen de financer cette expansion, par exemple en élevant les impôts. Les deux mécanismes interviennent dans la projection centrale. Les ménages déterminent la combinaison de réduction de leur consommation d'autres biens et services et de réduction de leur épargne qui leur coûte le moins; les pouvoirs publics ne réduisent pas la fourniture d'autres biens et services publics, mais financent les dépenses de santé supplémentaires en alourdissant les impôts sur la main-d'œuvre (qui sont la variable de remplacement des paiements au titre de la protection sociale comme l'indiquent, par exemple, Vrontisi et al., 2016). La section 4.3 présente une spécification différente qui ne donne pas lieu à un effet d'expansion.

Comme le montre le graphique 4.2, les plus fortes modifications des dépenses de santé (et de la consommation des « services collectifs », dont la santé fait partie) indiquées par les projections sont observées pour la région Reste de l'Europe et de l'Asie, qui comprend la Chine, la Russie, la Région Caspienne et la majeure partie de l'Europe de l'Est non-OCDE (notamment l'Ukraine)[4]. Les régions caspienne et européenne de ce groupe (UE non-OCDE et Autre Europe) affichent une hausse particulièrement forte des dépenses de santé liées à la pollution par rapport aux autres régions. En outre, la part des dépenses de santé dans les dépenses totales considérée est plus faible pour ces pays que pour ceux de l'OCDE. Aussi les variations relatives aux dépenses de santé supplémentaires sont-elles accentuées étant donné que le pourcentage d'augmentation des dépenses de santé est plus élevé, pour un choc donné. Globalement, cela contribue *(i)* à une augmentation considérable des dépenses dans le secteur des services collectifs et, simultanément, *(ii)* à une forte réduction de la consommation d'autres biens et services (voir les barres correspondantes au graphique 4.2).

Graphique 4.2. **Évolution de la valeur ajoutée et du PIB due aux impacts sur les dépenses de santé, projection centrale**

Variation en pourcentage par rapport à la projection hors rétroactions, 2060

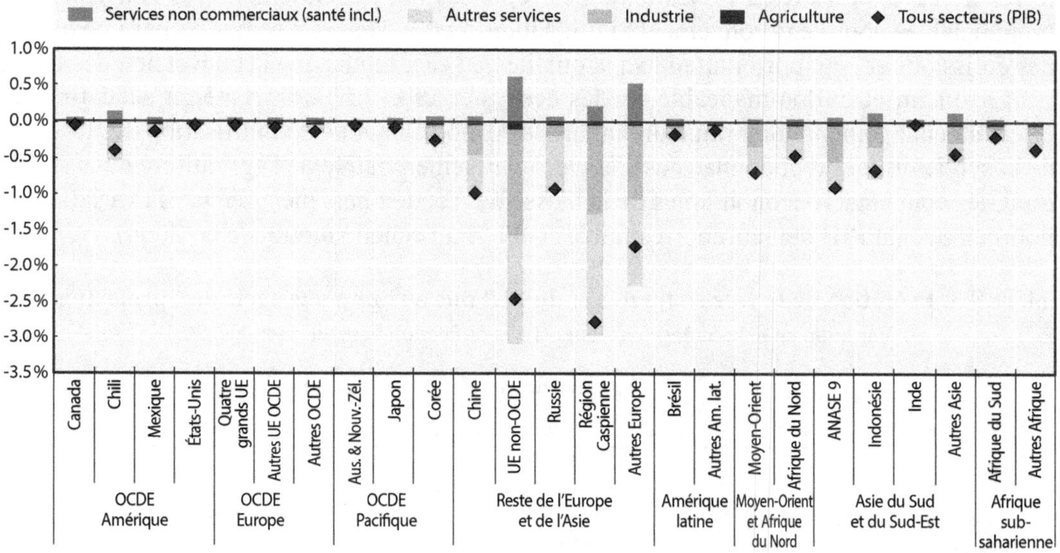

StatLink http://dx.doi.org/10.1787/888933406541

Source : Modèle ENV-Linkages.

Les effets sur le PIB font pendants aux résultats sectoriels. En moyenne, la perte de PIB du groupe du Reste de l'Europe et de l'Asie est de 1.1 % en 2060, contre 0.4 % pour l'ensemble du monde (non indiquée sur le graphique). Les effets sur les régions de l'OCDE sont relativement faibles parce que, dans les pays considérés, les dépenses de santé supplémentaires liées à la pollution de l'air constituent, dans l'ensemble, une proportion nettement plus faible des dépenses totales aussi bien pour les pouvoirs publics que pour les ménages. En général, les dépenses supplémentaires des ménages renforcent davantage les pertes de PIB que l'augmentation des dépenses publiques parce qu'elles ont des effets sur l'épargne et sur l'accumulation de capital. Par conséquent, bien que l'essentiel des dépenses de santé soit assuré par financements publics dans de nombreuses régions, la perte de PIB peut être imputée pour une large part à l'augmentation des dépenses des ménages. Mais comme le montrent les résultats observés pour la région « Reste de l'Europe et de l'Asie », les effets de l'augmentation des dépenses publiques ne sont mineurs qu'à la marge : dès lors que les dépenses supplémentaires deviennent importantes, elles exercent un impact sur la croissance économique, notamment du fait de l'alourdissement de la charge fiscale que les autorités doivent imposer aux ménages pour équilibrer les finances publiques[5].

4.1.3. Conséquences des impacts sur les rendements agricoles

Les impacts sur les rendements agricoles, examinés à la section 3.5, entraînent une réduction mondiale de la croissance de la production au cours du temps ; en d'autres termes, la production agricole diminue par rapport à la projection hors effets de rétroaction. La production globale de produits agricoles ne diminue toutefois que très peu (-1.1 % en 2060) car, étant donné que les aliments sont des produits essentiels, la demande de produits agricoles n'est guère élastique par rapport aux prix, comme le montre le graphique 4.3. La baisse de productivité du secteur agricole et l'augmentation associée des coûts de production unitaires induisent à la fois une intensification et une extensification de la production. Dans toutes les régions, les agriculteurs visent à limiter les répercussions négatives sur la production en utilisant davantage de ressources, notamment du capital et des engrais, par unité de production (intensification) et – en particulier dans les régions où les terres sont abondantes (Afrique et Amérique latine) – en convertissant davantage de terres à l'agriculture (extensification). Ces réponses ont généralement des conséquences préjudiciables pour l'environnement : l'utilisation accrue d'engrais se traduit par une hausse des émissions et peut porter atteinte à la qualité de l'eau, tandis que la conversion des terres peut avoir un effet dommageable sur les écosystèmes et la biodiversité, et accentuer les effets du changement climatique imputables aux modifications de l'utilisation des terres et de la sylviculture. Étant donnée aussi la part relativement faible de l'agriculture dans le PIB total, les coûts macroéconomiques de la baisse des rendements mesurée par la variation en pourcentage du PIB demeurent très faibles (-0.1 % à l'échelle mondiale en 2060).

Graphique 4.3. **Évolution de la valeur ajoutée et du PIB due aux impacts agricoles, projection centrale**

Variation en pourcentage par rapport à la projection hors rétroactions, 2060

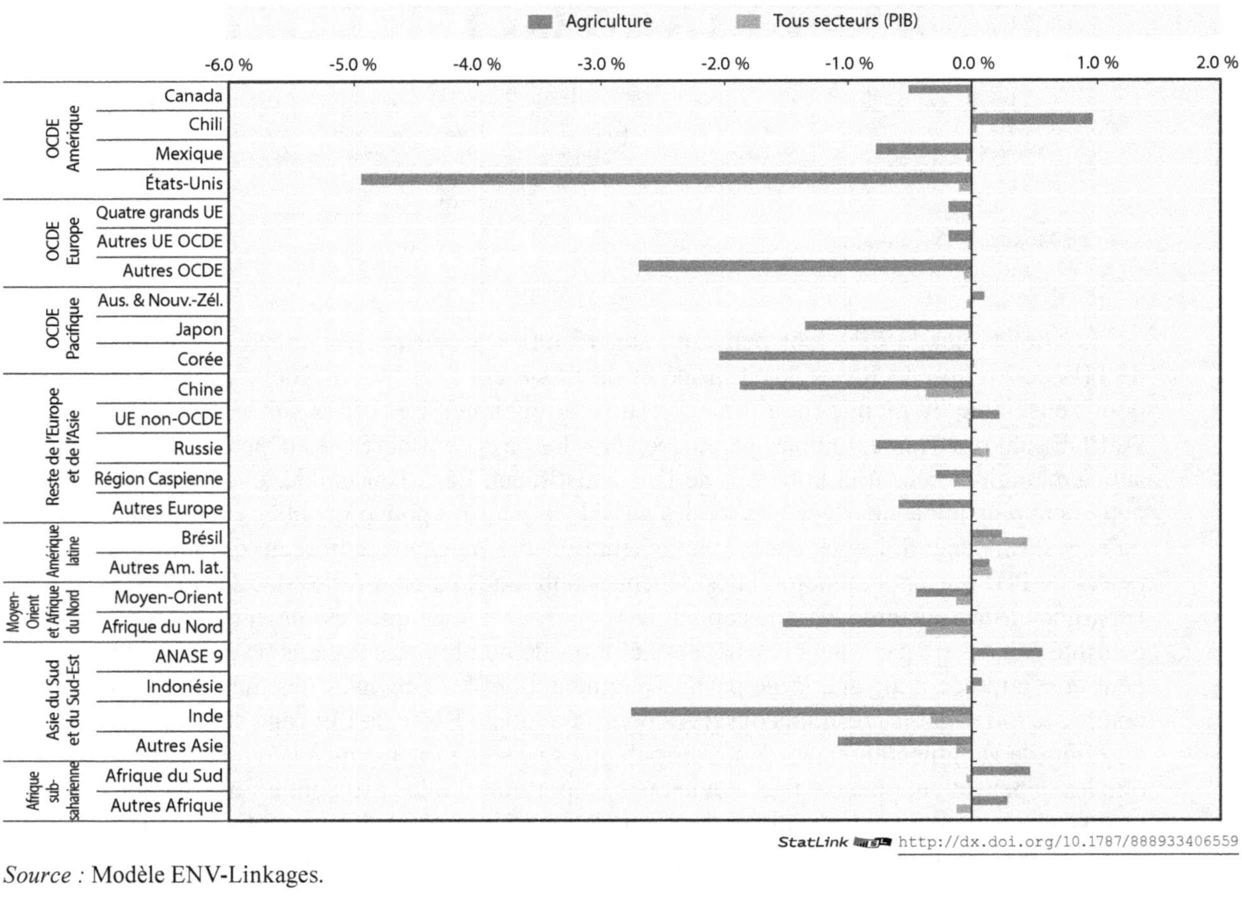

StatLink http://dx.doi.org/10.1787/888933406559

Source : Modèle ENV-Linkages.

Il existe des différences importantes entre les régions. Bien que la hausse des concentrations d'ozone (qui est à l'origine des impacts agricoles) soit particulièrement marquée en Chine et en Inde (voir le graphique 3.7), les baisses les plus fortes de la production agricole indiquées par les projections ont lieu dans certaines des régions de l'OCDE, en particulier aux États-Unis. Ce résultat tient essentiellement au fait qu'aux États-Unis, la pollution atmosphérique a déjà des répercussions sur la production à court terme, et continuera d'exercer des pressions à la baisse sur les rendements agricoles et la production dans les décennies à venir. Les répercussions sur la production agricole en Chine et en Inde, en revanche, s'accumuleront progressivement au cours du temps. De surcroît, il existe dans le secteur des oléagineux des liens commerciaux étroits entre les États-Unis et l'Amérique latine, en particulier le Brésil, de sorte que de faibles variations de la compétitivité entre le Brésil et les États-Unis peuvent se traduire par des déplacements relativement importants des lieux de production.

Malgré les impacts négatifs sur les rendements constatés partout dans le monde, certaines régions peuvent porter leur production agricole à un niveau supérieur à celui des projections hors rétroactions. Cet effet est particulièrement marqué dans le cas du Chili, mais il est aussi présent au Brésil et dans les pays membres de l'ANASE, par exemple. L'association de pertes de rendement relativement mineures à la possibilité d'accroître fortement la superficie des terres agricoles signifie que la position concurrentielle relative de ces pays sur le marché mondial des denrées agricoles s'améliore par rapport à celle de leurs principaux concurrents. Comme on l'a déjà mentionné, ces retombées économiques positives ont tendance à s'accompagner de pressions accrues sur l'environnement. Cet effet, similaire aux conséquences des pertes de rendement engendrées par le changement climatique, est étudié de manière approfondie dans OCDE (2015) et OCDE (2016), qui analyse la manière dont le changement climatique influe sur les échanges internationaux et l'avantage comparatif révélé des pays.

Comme le montre le graphique 4.3, d'importantes évolutions de la production agricole des régions n'entraînent pas nécessairement d'importantes évolutions correspondantes du PIB. Les chocs sectoriels, tels que la baisse des rendements, exercent leurs effets sur le PIB par le biais de différents mécanismes. Premièrement, dans les pays où l'agriculture ne contribue que relativement peu à la production totale, comme les États-Unis, les modifications de la production agricole n'entraînent pas de changements macroéconomiques très notables. Deuxièmement, la baisse de la productivité agricole provoque des modifications de la production d'autres secteurs (l'industrie alimentaire, par exemple, doit s'acquitter de prix plus élevés pour ses intrants). Troisièmement, l'évolution de la structure des échanges internationaux (et des termes de l'échange) due aux divers changements des conditions agricoles des pays a également un impact sur le PIB. Enfin, la diminution de la productivité économique provoque une baisse des revenus des ménages et, par conséquent, une contraction de l'épargne ; cette contraction provoque, à son tour, une réduction des investissements et, partant, un ralentissement de l'accumulation de capital qui a des répercussions sur la croissance économique à long terme. Cet effet est toutefois limité lorsque le choc qui s'exerce dans un secteur particulier est de relativement faible ampleur. Ces mécanismes montrent que tous les secteurs et toutes les régions sont interconnectés, et qu'un choc se produisant dans une partie quelconque de l'économie a des effets indirects sur d'autres régions, d'autres secteurs et à d'autres périodes.

Les coûts macroéconomiques les plus importants sont observés en Chine, en Afrique du Nord et en Inde. En outre, dans certaines régions, les impacts sur le PIB sont négatifs tandis que les conséquences pour la production agricole sont positives, comme le montre au graphique 4.3 la valeur ajoutée totale dans l'agriculture. Un ensemble complexe d'interactions explique ces résultats, dont l'intensité varie selon les régions. Une première explication réside dans le ralentissement de l'accumulation du capital. La diminution du stock de capital est préjudiciable dans tous les secteurs, mais surtout pour les industries à forte intensité de capital. Cela tient, du moins en partie, au fait que ces régions sont plus ouvertes aux échanges internationaux. Les économies intérieures ne peuvent donc pas absorber les chocs exercés dans leurs systèmes agricoles, leurs termes de l'échange se dégradent et leur activité totale diminue. Certaines de ces régions font en outre face aux chocs agricoles en intensifiant leur production agricole et, lorsque les terres disponibles sont abondantes, comme c'est le cas dans la région « Autres pays d'Afrique », il leur est possible de développer une agriculture plus extensive, c'est-à-dire d'accroître les superficies consacrées à l'agriculture. Les produits agricoles étant des biens nécessaires dont la demande est relativement inélastique, ces régions font face à des chocs agricoles négatifs en détournant des ressources du reste de l'économie. Si cette manière de procéder peut avoir des effets préjudiciables sur la productivité globale du pays, elle est justifiée dans l'optique de la sécurité alimentaire et du caractère essentiel des produits alimentaires.

4.2. Conséquences économiques de l'ensemble des impacts marchands

4.2.1. Conséquences macroéconomiques de l'ensemble des impacts marchands

Les trois types d'impacts marchands de la pollution atmosphérique considérés à la section 4.1 contribuent à ramener les projections du PIB à un niveau inférieur à la projection de référence hors rétroactions, qui fait abstraction des effets en retour de la pollution sur l'économie. Le graphique 4.4A montre comment ces trois impacts, représentés par la variation en pourcentage du PIB mondial dans la projection hors rétroactions, évoluent dans le temps. Au niveau mondial, les conséquences des impacts sur la productivité du travail et sur les dépenses de santé continuent d'augmenter sensiblement par rapport au PIB. Les impacts sur l'agriculture sont, en revanche, relativement stables lorsqu'ils sont exprimés en pourcentage du PIB ; en d'autres termes, la valeur absolue de ces impacts augmente plus ou moins au même rythme que le PIB. Globalement, les coûts marchands totaux de la pollution de l'air extérieur devraient, selon les projections, passer de 0.3 % par an en 2015 à 1.0 % du PIB par an d'ici 2060.

Le graphique 4.4B présente une décomposition différente des coûts marchands totaux de la pollution de l'air extérieur. Les *coûts marchands directs* peuvent être calculés comme la somme des effets économiques directs représentés dans le modèle. Ils englobent *(i)* l'évolution de la valeur ajoutée des secteurs agricoles induite par les modifications de la productivité du travail ; *(ii)* l'augmentation des dépenses de santé ; et *(iii)* l'évolution de la valeur ajoutée agricole résultant de modifications des rendements des cultures. Tous ces coûts directs sont mesurés sans tenir compte de la réallocation des ressources économiques. Les *effets économiques indirects* peuvent ensuite être déduits au titre des coûts macroéconomiques totaux, c'est-à-dire la variation du PIB, moins les coûts directs. Ces effets indirects résultent de la réallocation des facteurs de production dans l'ensemble de l'économie et, par exemple, de l'évolution des taux d'épargne, et sont induits par la variation des prix relatifs. Il existe une différence manifeste entre les coûts directs et les coûts indirects : tandis que les coûts directs augmentent plus ou moins au même rythme que l'activité économique (les coûts en pourcentage du PIB sont en effet à peu près stables), les coûts indirects progressent rapidement au fil du temps. Deux mécanismes importants jouent un rôle majeur : *(i)* tout impact négatif sur l'accumulation de capital exerce un effet permanent car il abaisse le potentiel de croissance de l'économie ; et *(ii)* comme la vigueur des chocs augmente au fil du temps, les options moins onéreuses sont retenues les premières, et les chocs ultérieurs nécessiteront des mesures plus coûteuses.

Graphique 4.4. **Évolution du PIB mondial sous l'effet conjoint des impacts marchands, projection centrale**

Variation en pourcentage par rapport à la projection hors rétroactions

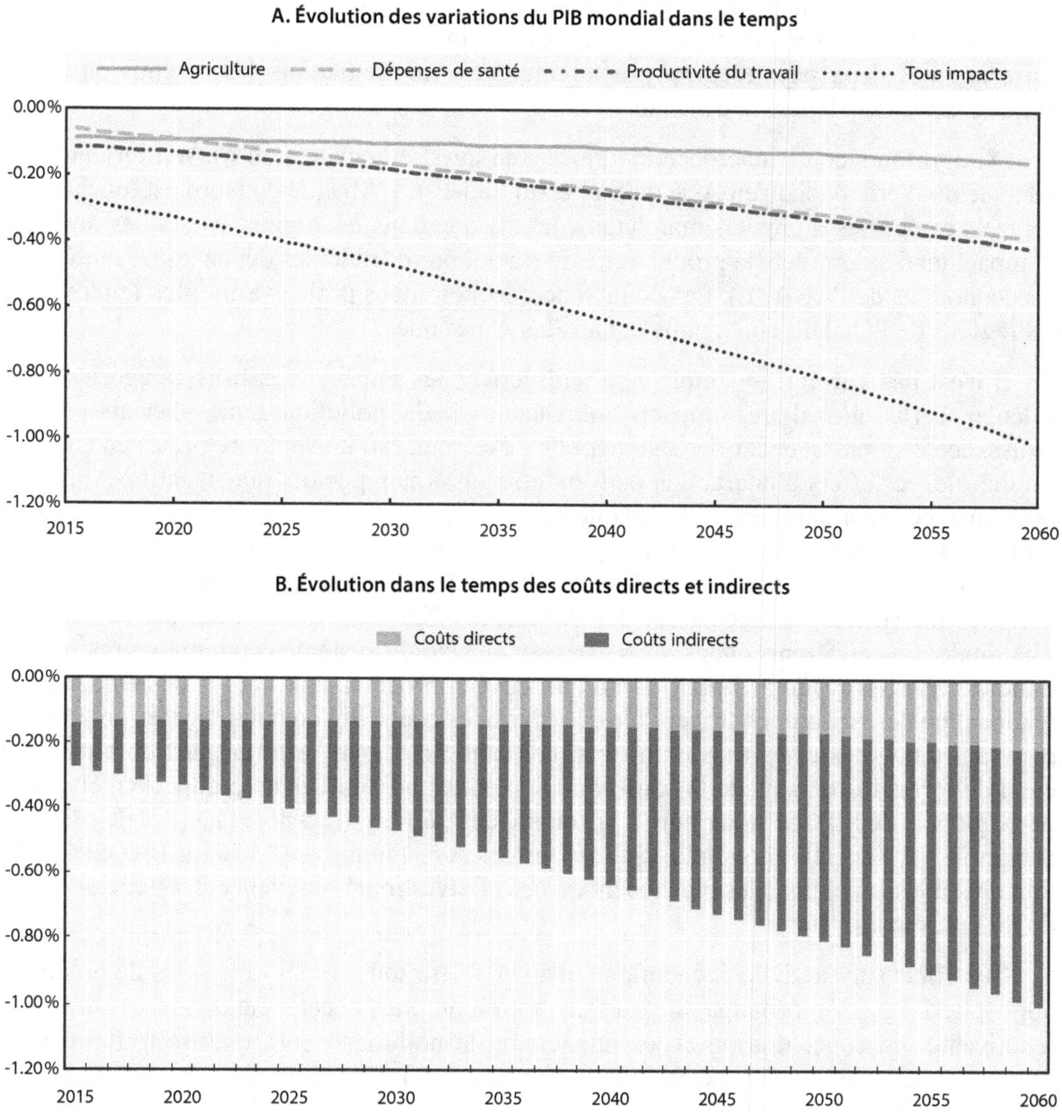

StatLink http://dx.doi.org/10.1787/888933406569

Source : Modèle ENV-Linkages.

Au niveau des régions, il n'est guère surprenant de constater que les pertes indiquées par les projections sont nettement plus lourdes dans la région Reste de l'Europe et de l'Asie, qui comprend la Chine et la Russie (graphique 4.5). Non seulement les concentrations projetées sont très fortes dans ces régions, mais les impacts sur la productivité du travail, et surtout sur les dépenses de santé, y sont sensiblement plus prononcés que dans d'autres parties du monde[6]. La situation est très différente en Inde. Les pertes de PIB projetées à l'horizon 2060 seraient beaucoup plus faibles qu'elles ne le sont pour la Chine, bien que les projections indiquent des concentrations très élevées pour ces deux pays (voir les graphiques 3.6 et 3.7). Ces deux pays se différencient l'un de l'autre par la pyramide des âges de leur population : la population indienne reste jeune, tandis que le vieillissement de la population chinoise devrait poser des difficultés grandissantes. En d'autres termes, de par sa structure, la population chinoise sera plus vulnérable à la pollution atmosphérique et les dépenses de santé supplémentaires seront donc plus élevées en Chine qu'en Inde au cours des décennies à venir. Par ailleurs, comme mentionné à la section 4.1, l'épargne a une structure assez différente en Inde et en Chine : les taux d'investissement et d'épargne courants sont sensiblement plus élevés en Chine, mais à long terme l'inverse est vrai, de sorte que ces deux pays réagiront différemment à une réduction des revenus ou à une augmentation des dépenses de santé.

D'importants coûts macroéconomiques sont aussi enregistrés au Moyen-Orient et en Afrique du Nord ainsi qu'en Asie du Sud et du Sud-Est. L'Afrique du Nord est touchée par les trois catégories d'impacts marchands, tandis que dans les régions asiatiques, un type d'impact tend à dominer (la productivité du travail pour l'Inde, les dépenses de santé pour les économies de l'ANASE). Les coûts macroéconomiques projetés sont plus faibles dans les régions de l'OCDE, en Afrique et dans les Amériques.

Il n'est pas correct de simplement additionner les impacts des trois catégories pour calculer l'effet global des impacts marchands de la pollution atmosphérique sur la croissance économique, car des interactions s'exercent, qui doivent être prises en compte. En théorie, ces effets d'interaction peuvent être aussi bien positifs que négatifs. Ainsi, les conséquences économiques sont généralement d'autant plus importantes que les chocs sont prononcés en raison de l'effet multiplicateur (la baisse de revenus entraîne une diminution de l'épargne et, par conséquent, de l'accumulation de capital et des niveaux de revenu aux périodes ultérieures). L'association des différents effets peut donc accentuer la perte de PIB totale. Les différents chocs qui s'exercent au sein du système économique pourraient toutefois aussi provoquer l'apparition d'un nouveau processus optimal d'ajustement et de réallocation des ressources susceptible de réduire les coûts. Si l'on considère les projections couvrant toutes les catégories d'impacts, l'on peut noter que l'effet négatif dominant est celui de fortes distorsions de la consommation et des possibilités de production, et que la perte globale de PIB est supérieure à la somme des pertes enregistrées au titre de ces trois catégories. À l'échelle mondiale, cet effet est mesuré (moins de 0.1 % du PIB en 2060), toutefois dans les régions les plus touchées, ces effets cumulés peuvent entraîner des pertes de PIB plus manifestes.

Ces effets sur l'activité économique influent à leur tour sur les émissions de polluants atmosphériques. En principe, il faudrait tenir compte de ces réductions et réévaluer les niveaux de concentration et les impacts de la pollution de l'air jusqu'à atteindre la convergence entre toutes les étapes de la chaîne de causalité. Toutefois, les réductions de l'activité économique sont assez limitées, aussi les niveaux d'émission qui résultent de la projection centrale, tenant compte des effets de rétroaction de la pollution, diffèrent-ils de moins de 1 % de ceux correspondant à la projection de référence, hors rétroactions (et de moins de 4 % à l'échelle régionale). L'effet secondaire des projections d'émissions plus faibles sur les concentrations et les impacts est par conséquent très faible, et peut être négligé compte tenu des incertitudes qui entourent tous les calculs présentés dans ce rapport[7]. En d'autres termes, il n'est pas nécessaire de procéder à une itération à partir de la projection centrale pour réviser la projection hors rétroactions de l'activité économique et des émissions (voir la section 2.2).

Graphique 4.5. **Évolution du PIB régional sous l'effet conjoint des impacts marchands, projection centrale**

Variation en pourcentage par rapport à la projection hors rétroactions, 2060

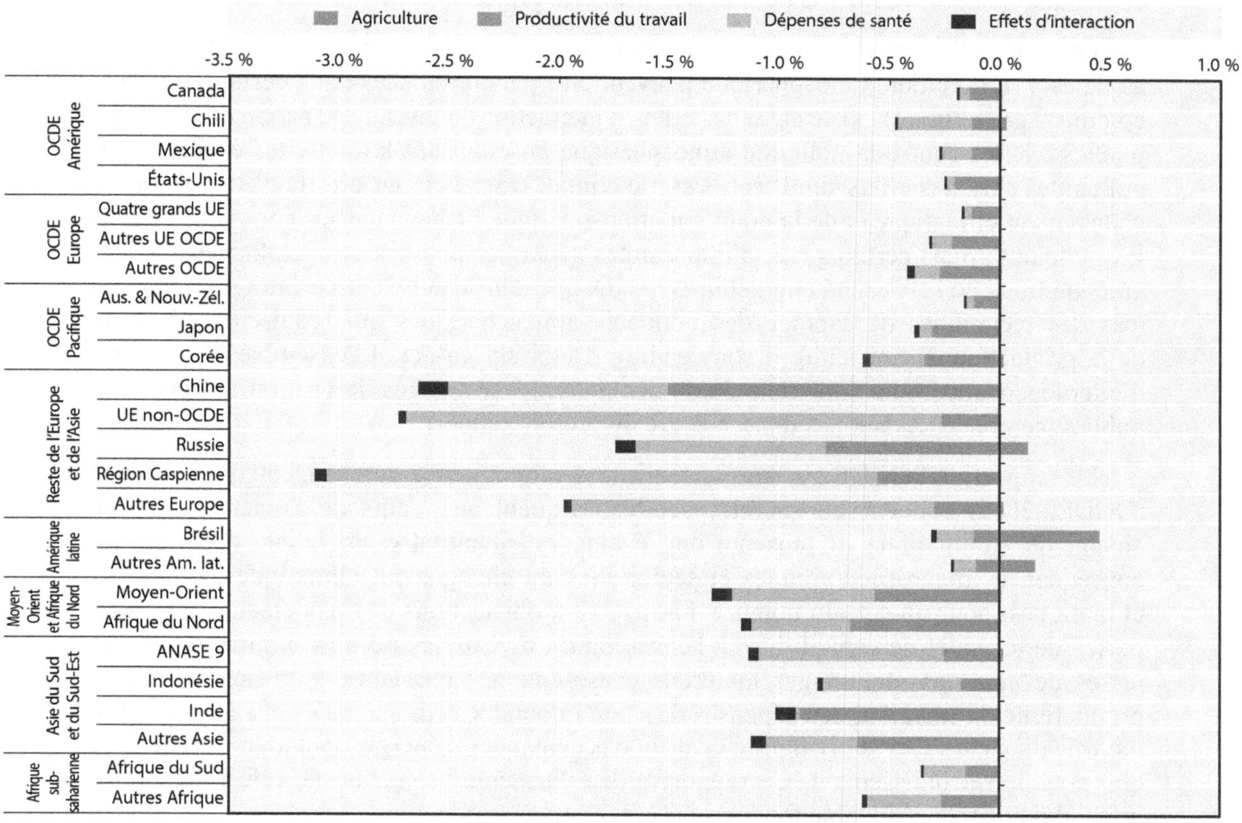

StatLink http://dx.doi.org/10.1787/888933406574

Source : Modèle ENV-Linkages.

4.2.2. Établissement d'un lien entre la pollution atmosphérique et le changement climatique

La hausse projetée des émissions de polluants atmosphériques a également un effet sur le changement climatique. Certains polluants atmosphériques ont un effet de refroidissement (notamment des aérosols comme le carbone organique), tandis que d'autres réchaufferont fortement l'atmosphère à brève échéance (par exemple le carbone noir et l'ozone). Pour étudier les interactions entre la pollution de l'air extérieur et le changement climatique dans les projections, on a calculé le forçage radiatif à l'aide du modèle MAGICC6.4 (Meinshausen et al., 2011). Dans la projection hors rétroactions, les aérosols ont un effet global direct de *refroidissement* qui devrait passer de 0.4 W/m^2 à 0.5 W/m^2 (abstraction faite des effets indirects induits de l'albédo des nuages) tandis que l'ozone troposphérique a un effet de *réchauffement* du même ordre de grandeur. Au total, la contribution des polluants atmosphériques au changement climatique est par conséquent limitée.

Les effets de rétroaction économiques de la pollution de l'air extérieur ralentissent à leur tour l'activité économique dans le monde entier et aboutissent ainsi à une réduction des émissions mondiales de gaz à effet de serre. Toutefois, cet effet est relativement faible : il représente moins de 1.5 % pour les émissions mondiales et, dans toutes les régions, moins de 4 % pour le dioxyde de carbone (CO_2), le méthane (CH_4) et l'hémioxyde d'azote (N_2O). La réduction des impacts climatiques qui en résulte n'est pas significative. Inversement, les dommages climatiques ont aussi des effets très limités sur les émissions de polluants atmosphériques, qui varient à l'échelle mondiale entre une réduction de 5.5 % pour le NH_3 et une augmentation de 0.5 % pour le SO_2 selon les projections de l'OCDE (2015).

Les effets d'interaction entre les dégâts causés par le changement climatique et ceux associés à la pollution atmosphérique peuvent être plus prononcés dans certains secteurs comme l'agriculture. Il existe aussi des effets d'interaction au niveau de l'action des pouvoirs publics : lutter contre la pollution atmosphérique en réduisant les activités économiques polluantes aura des effets significatifs sur le climat. De même, les efforts d'atténuation du changement climatique et de la pollution atmosphérique influent sur les émissions de tous les polluants; dans certains cas, d'importantes synergies peuvent être exploitées (cas des améliorations de l'efficacité énergétique), tandis que dans d'autres, les arbitrages dominent (cas des techniques de captage des polluants atmosphériques qui réduisent l'efficacité de la production d'électricité). Il conviendrait d'analyser en détail l'ensemble de ces liens d'interdépendance, mais une telle étude des multiples avantages de l'action des pouvoirs publics n'entre cependant pas dans le cadre du présent rapport.

Le rapport de l'OCDE sur les conséquences économiques du changement climatique (OCDE, 2015) contient un exercice semblable quant aux coûts de l'inaction face au changement climatique. Il présente une évaluation quantitative mondiale détaillée des conséquences macroéconomiques et sectorielles du changement climatique (dommages climatiques) pour un certain nombre d'impacts : modifications des rendements agricoles, pertes de terres et de capital dues à l'élévation du niveau des océans, modifications des prises de poissons, dommages matériels causés par les ouragans, modifications de la productivité du travail et des dépenses de santé imputables aux maladies et aux canicules, modifications des flux touristiques, et enfin des demandes d'énergie, tant pour le chauffage que pour le refroidissement. Ce rapport utilise la même projection de référence et une méthodologie très semblable fondée sur la fonction de production.

Des travaux beaucoup plus nombreux ont été consacrés aux aspects économiques du changement climatique (on en trouvera une synthèse dans OCDE, 2015). Les travaux les plus directement comparables sont ceux menés à l'Institut de prospective technologique (IPTS) du CCR, qui a fait appel à des méthodes analogues pour évaluer les conséquences économiques du changement climatique (Ciscar et al., 2011, 2014) et de la pollution atmosphérique (Vrontisi et al., 2016).

Il importe de savoir que comme pour l'évaluation des conséquences économiques de la pollution de l'air, certaines des répercussions principales du changement climatique ne touchent pas directement les marchés et n'ont pas pu être prises en compte dans le cadre de modélisation. La principale raison-d'être de l'action des pouvoirs publics à l'encontre du changement climatique ne tient pas aux impacts marchands, mais plutôt aux risques significatifs d'apparition d'événements climatiques majeurs et à leurs très graves conséquences. Néanmoins, la comparaison des impacts marchands du changement climatique et de la pollution atmosphérique peut aider à mettre en lumière l'incidence que peuvent avoir ces deux problèmes environnementaux sur l'activité économique.

Durant la première moitié du siècle, l'ordre de grandeur des coûts marchands totaux de la pollution atmosphérique indiqués par les projections devrait être similaire à celui du changement climatique (graphique 4.6). Les deux séries d'impacts évoluent toutefois de manière très différente dans le temps : la pollution atmosphérique a un effet plus marqué sur l'économie au cours des prochaines décennies, tandis que les dommages causés par le changement climatique s'accroissent progressivement pour devenir beaucoup plus importants dans la seconde moitié du siècle. Les risques de dégradation posés par le changement climatique semblent également beaucoup plus prononcés, bien qu'il ne soit pas possible d'évaluer correctement les incertitudes relatives aux dommages causés par la pollution atmosphérique faute de données fiables. Il est intéressant de noter que le changement climatique et la pollution atmosphérique empruntent les mêmes grands canaux de transmission (perte de productivité du travail, diminution des rendements agricoles et chocs au niveau de la demande) pour exercer leurs impacts, bien qu'ils résultent de phénomènes biophysiques différents. Selon les projections, le changement climatique devrait toutefois avoir des répercussions macroéconomiques beaucoup plus profondes et toucher directement une plus large gamme d'activités économiques, surtout les stocks de capital.

Graphique 4.6. **Impacts de la pollution de l'air extérieur et du changement climatique, projection centrale**

Variation en pourcentage du PIB par rapport à la projection hors rétroactions

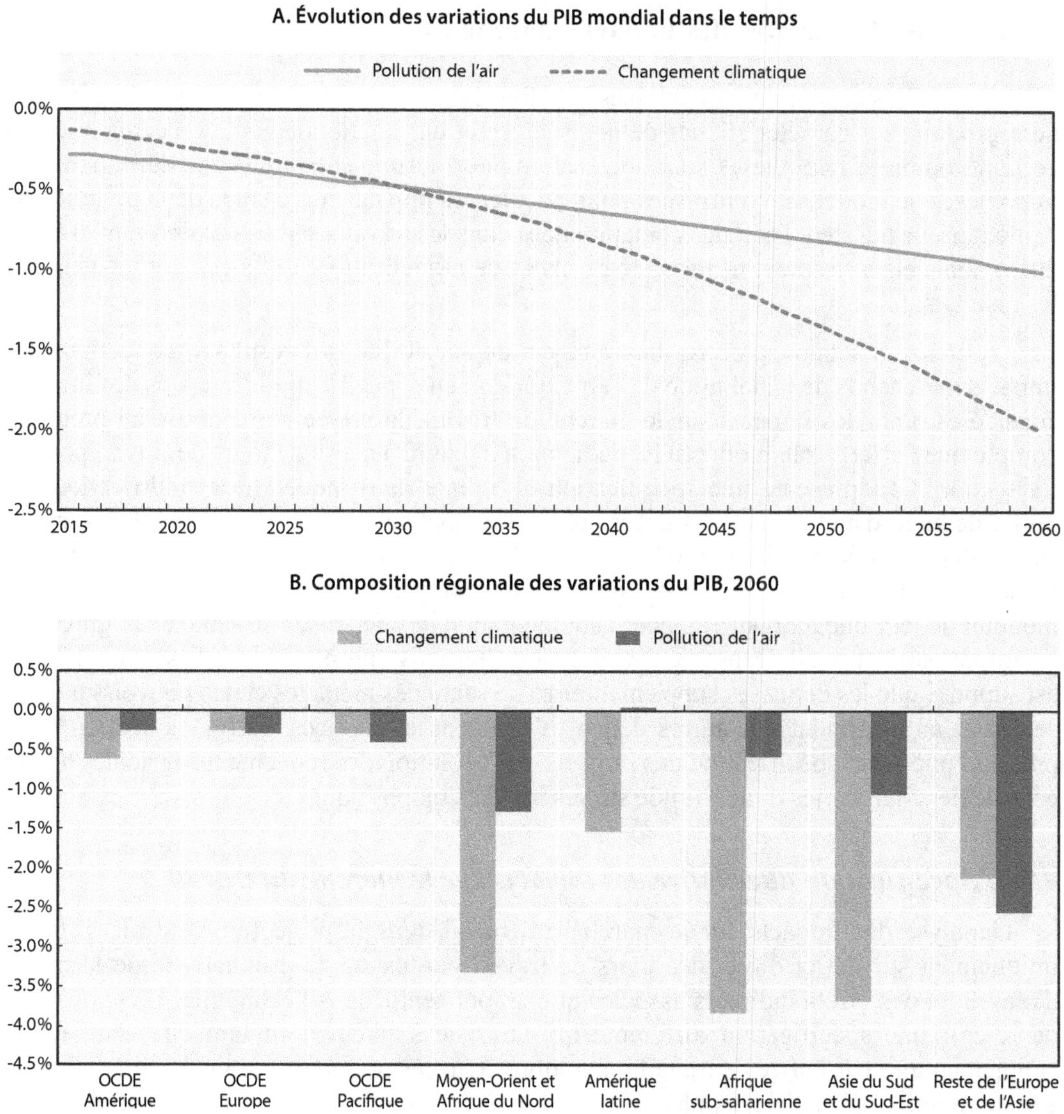

StatLink http://dx.doi.org/10.1787/888933406582

Source : Modèle ENV-Linkages.

La répartition géographique des coûts marchands est elle aussi très différente. Selon l'OCDE (2015), même en présence de mesures d'adaptation au changement climatique, « les conséquences économiques nettes indiquées par les projections seront [...] particulièrement prononcées en Afrique et en Asie, où les économies régionales sont vulnérables à toute une série d'impacts climatiques, notamment au stress thermique et à la chute des rendements agricoles ». À titre de comparaison, les répercussions économiques de la pollution atmosphérique sont beaucoup plus concentrées dans les régions très peuplées comme l'Europe et, surtout, l'Asie. Les situations respectives de la Chine et de l'Inde sont également opposées : si le changement climatique à des impacts particulièrement menaçants pour l'Inde, la pollution atmosphérique a des effets plus marqués en Chine. Pour des raisons géographiques, de vastes parties de la région de l'OCDE seront également plus touchées par la pollution atmosphérique que par le changement climatique, en particulier au cours des prochaines décennies.

4.3. Spécifications alternatives des impacts marchands

Les modèles économiques appliqués sont fondés sur une série d'équations qui s'efforcent de reproduire les caractéristiques de la structure et du fonctionnement de l'économie. Un certain nombre d'hypothèses sont nécessaires pour définir le cadre de modélisation. Les hypothèses de modélisation utilisées pour calculer les impacts marchands de la pollution de l'air extérieur reflètent l'état des connaissances dans les travaux publiés (voir Vrontisi et al., 2016), mais elles résultent néanmoins de choix de modélisation, qui à ce titre influent sur les résultats.

La présente section propose une analyse de sensibilité des résultats, concernant les impacts marchands de la pollution de l'air extérieur, aux spécifications retenues des impacts considérés. Pour les impacts sur le marché du travail, la projection centrale ne prend en compte que l'effet sur la productivité de la main d'œuvre à cause de jours de travail perdus. La section 4.3.1 présente une spécification différente dans laquelle les modifications de l'offre de main-d'œuvre dues aux décès prématurés sont aussi prises en compte. Les impacts sur les dépenses de santé sont modélisés dans le rapport en prenant pour hypothèse que les ménages ajusteront leurs niveaux de consommation et que les pouvoirs publics accroîtront le montant de leur budget pour financer l'augmentation des dépenses de santé en augmentant les impôts sur le travail. Dans une spécification alternative proposée dans la section 4.3.2, il est supposé que les dépenses supplémentaires de santé des ménages et des pouvoirs publics se feront au détriment des autres dépenses de biens et services. Enfin, la section 4.3.3 présente une autre spécification des impacts de l'évolution des rendements agricoles tenant compte des fourchettes d'incertitude sur les impacts biophysiques.

4.3.1. Spécification alternative des impacts sur le marché du travail

L'analyse des impacts sur le marché du travail dans la projection centrale s'appuie uniquement sur l'effet direct des jours de travail perdus sur la productivité de la main-d'œuvre, et des effets indirects associés qui se font sentir dans l'économie. Il est possible de retenir une spécification différente qui consiste à intégrer en tant que choc l'effet supplémentaire sur l'offre de travail du nombre de décès prématurés dans la population en âge de travailler. Cet effet supplémentaire vise, non pas à refléter une évaluation de l'effet sur le bien-être de ces décès prématurés, mais seulement à recenser leurs conséquences au niveau du système économique par le biais de la population en âge de travailler. Plusieurs effets indirects pourraient être pris en compte (par exemple la diminution de la consommation globale par suite de la réduction des effectifs de population ou des conséquences démographiques sur les générations futures résultant de la baisse du nombre de naissances). L'incidence nette de ces impacts n'est pas claire a priori, et ne peut être aisément évaluée quantitativement en l'absence d'une analyse plus approfondie. C'est pourquoi seul l'effet direct sur l'offre de travail de la projection linéaire des décès prématurés est inclus dans cette autre spécification, à titre d'illustration. Les principaux résultats sont récapitulés dans le graphique 4.7.

Graphique 4.7. **Sensibilité des coûts marchands à différents impacts sur le marché du travail**

Variation en pourcentage du PIB par rapport à la projection hors rétroactions, 2060

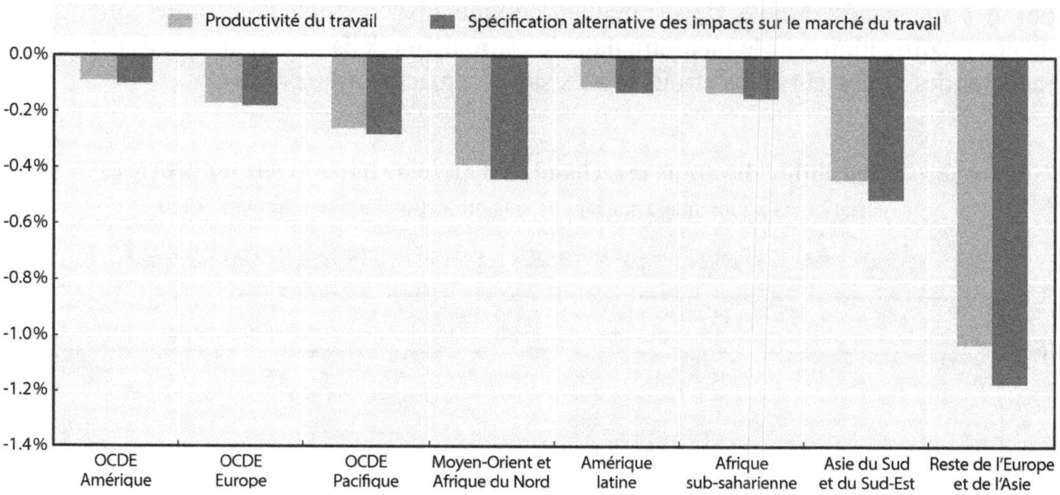

StatLink http://dx.doi.org/10.1787/888933406595

Source : Modèle ENV-Linkages.

Bien que les répercussions non marchandes soient très importantes, les conséquences d'une diminution de l'offre de main-d'œuvre sur le PIB sont minimes. Dans toutes les régions, les effets de la contraction de l'offre de main-d'œuvre devraient, selon les projections, être bien inférieurs à 0.1 % du PIB en 2060. Ce faible effet des décès prématurés sur l'offre de travail et la perte correspondante de PIB conforte les conclusions d'études antérieures (voir OCDE, 2012) selon lesquelles le principal élément devant être pris en compte dans une évaluation des coûts économiques de ces décès est la valeur de la vie perdue et non pas les répercussions sur le reste de l'économie (voir également l'analyse présentée au chapitre 5)[8].

4.3.2. Spécification alternative des impacts sur les dépenses de santé

Il n'est pas aisé de modéliser la réponse des pouvoirs publics et des ménages à l'augmentation des dépenses de santé résultant de la dégradation de la situation sanitaire. Selon l'hypothèse retenue pour la projection centrale, les ménages réagissent en ajustant leur consommation des autres biens et services (hors santé) ainsi que leur épargne. Les autorités publiques sont supposer ajuster le montant de leur budget pour financer cette augmentation par le biais d'une hausse des impôts sur le travail (ou des cotisations salariales dans les pays disposant de système de sécurité sociale). Dans une autre spécification, il est posé en hypothèse que les ménages ainsi que les pouvoirs publics réagissent à l'augmentation des dépenses de santé en réduisant les dépenses des autres biens et services. Dans ce scénario d'éviction, les ménages maintiennent leur niveau d'épargne, tandis que les pouvoirs publics ne modifient pas leurs dépenses totales.

Le graphique 4.8 montre dans quelle mesure sont touchées les différentes régions lorsque cette seconde spécification est retenue. Lorsque les dépenses de santé donnent lieu à une exacte réduction des autres dépenses, l'impact de la pollution atmosphérique sur le PIB est généralement bien plus faible. Dans ce cas, les agents protègent l'économie des effets multiplicateurs associés à la réduction de leur épargne ou de l'augmentation de leur budget. L'hypothèse du maintien de l'épargne privée au niveau correspondant à la projection hors rétroactions, en particulier, implique qu'aucun effet de ralentissement de l'économie ne résulte d'une contraction des investissements et de l'accumulation de capital. Ces moindres répercussions sur le PIB n'entraînent toutefois pas ne amélioration du bien-être : la hausse de l'épargne se fait au détriment de la consommation, et la fourniture par l'État de biens publics non liés à la santé diminue. Il n'est malheureusement pas possible de déduire l'effet global de ces modifications sur le bien-être dans le cadre de modélisation retenu, qui ne peut que mesurer des indicateurs plus étroits fondés sur la consommation privée.

Graphique 4.8. **Sensibilité des coûts marchands à différents impacts sur les dépenses de santé**

Variation en pourcentage par rapport à la projection hors rétroactions, 2060

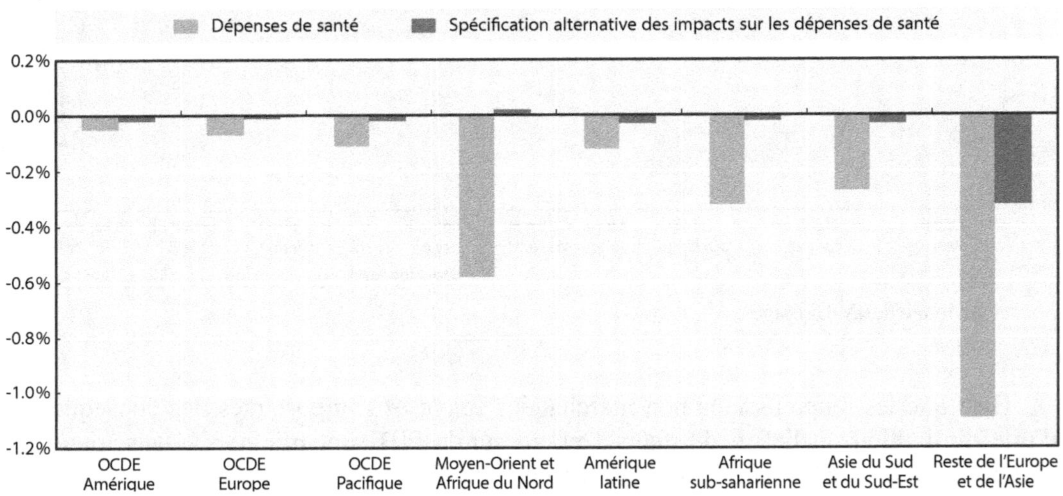

StatLink http://dx.doi.org/10.1787/888933406606

Source : Modèle ENV-Linkages.

4.3.3. Spécification alternative des impacts sur les rendements agricoles

Les calculs des impacts agricoles sont basés sur le modèle FASST du CCR-CE. Sur la base de ce modèle il est possible de replacer les résultats obtenus dans un intervalle de confiance, en calculant les impacts minimum et maximum sur les rendements agricoles. Ces variations tiennent à l'utilisation de différentes mesures pour les cultures et pour les concentrations d'ozone (voir la section 2.5 et Van Dingenen et al., 2009). L'écart entre l'impact minimum, la projection centrale et l'impact maximum varie selon les cultures et les régions, mais l'impact minimum est approximativement égal à la moitié de celui indiqué par la projection centrale tandis que l'impact maximum est supérieur d'environ 50 % à celui indiqué par cette dernière.

Le graphique 4.9 reporte la sensibilité de des variations de PIB à l'éventail possible des impacts agricoles. Les répercussions sur le PIB seront d'autant plus importantes que ces effets seront marqués, bien que la situation diffère quelque peu selon les cultures agricoles et les régions. Ce profil vaut également pour les conséquences positives en Amérique du sud : les pertes de rendement plus fortes enregistrées dans d'autres régions signifient de plus grandes possibilités d'accroître la production en Amérique latine. Bien que les impacts négatifs de la pollution de l'air sur les rendements agricoles des pays d'Amérique du sud soient eux aussi élevés, l'accroissement de l'écart entre les coûts de production de ces pays et ceux des pays concurrents joue un rôle plus important. La position concurrentielle de l'Amérique du sud s'améliore donc, même lorsque les pertes de rendement sont élevées à l'échelle mondiale. Cela ne signifie pas que l'augmentation de la pollution atmosphérique bénéficie toujours aux économies de la région. Dès que les impacts intérieurs négatifs atteignent un certain niveau, les répercussions négatives sur l'économie intérieure commencent à l'emporter sur l'accroissement de l'avantage comparatif. De même, une fois que les impacts mondiaux sont suffisamment marqués pour ralentir la demande mondiale, ce ralentissement neutralise les gains de compétitivité.

Graphique 4.9. **Sensibilité des coûts marchands à différents impacts agricoles**

Variation en pourcentage du PIB par rapport à la projection hors rétroactions, 2060

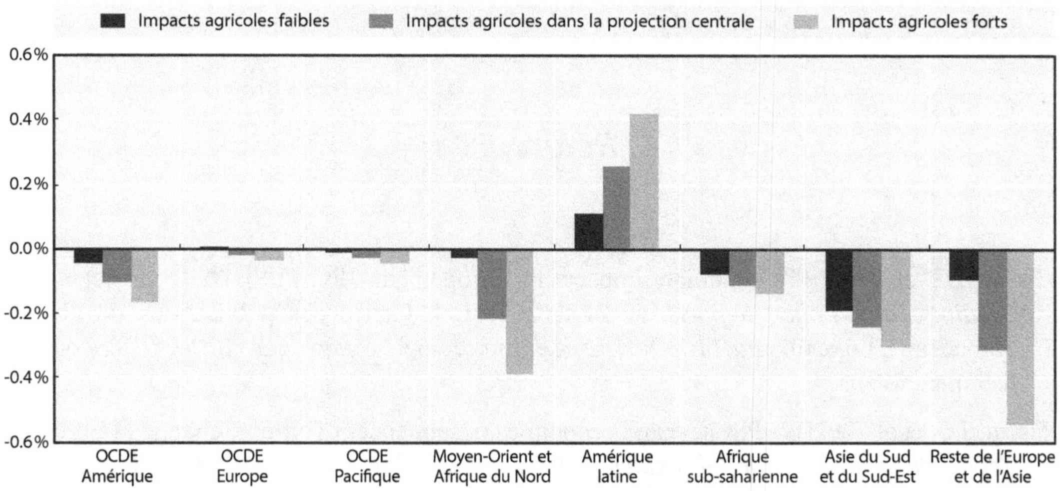

StatLink http://dx.doi.org/10.1787/888933406611

Source : Modèle ENV-Linkages.

Notes

1. L'exception est l'Inde. Bien que le choc de productivité du travail soit du même ordre de grandeur en Inde et en Chine, le travail constitue une part nettement plus importante du PIB en Inde. L'effet direct sur le travail est donc plus important. Mais cela signifie également que la réduction des autres composantes est moins prononcée et de fait, l'effet indirect sur le travail, bien que faible, apparaît positif.

2. L'ampleur de ces effets dépend de la manière dont le comportement de l'épargne est modélisé ; elle ne tient pas compte de toutes les mesures prises par les ménages pour modifier leur épargne lorsqu'ils prennent conscience de l'évolution du risque de décès prématuré.

3. Les pouvoirs publics peuvent aussi décider de réduire la qualité des soins de santé, mais les coûts en bien-être de telles mesures seraient vraisemblablement plus élevés que les dépenses de santé considérées ici. Les coûts calculés et indiqués dans la présente étude représentent, dans cette optique, le plancher des coûts potentiels en bien-être.

4. Dans toutes les régions, la grande majorité de ces dépenses supplémentaires est associée à des maladies liées aux concentrations de $PM_{2.5}$; l'ozone a un bien moindre impact sur la hausse des dépenses.

5. Il importe de noter que l'adoption de spécifications différentes pour le mécanisme de financement, dans le cadre desquelles, par exemple, l'équilibre des finances publiques est assuré par l'ajustement de l'impôt sur le revenu ou par des versements forfaitaires entre les ménages et les pouvoirs publics, ne modifie pas sensiblement ces résultats.

6. On notera que ces résultats sont des projections des coûts de l'inaction des pouvoirs publics et qu'ils ne reflètent aucun jugement concernant les actions publiques que pourraient mener à l'avenir la Chine, la Russie ou tout autre pays.

7. En principe, cela n'exclut pas des variations importantes pour certaines zones particulièrement sensibles, mais le cadre de modélisation ne permet pas de procéder à des évaluations à ce niveau de détail.

8. La situation est toutefois différente, comme le montre clairement le présent rapport, pour les coûts de la morbidité.

Références

Ciscar, J.C. et al. (2014), « Climate impacts in Europe: The JRC PESETA II project », *JRC Scientific and Policy Reports*, n° EUR 26586EN, Office des publications de l'Union européenne, Luxembourg. http://ipts.jrc.ec.europa.eu/publications/pub.cfm?id=7181 (consulté le 3 mai 2016).

Ciscar, J.C. et al. (2011), « Physical and economic consequences of climate change in Europe », *Proceedings of the National Academy of Science (PNAS)*, vol. 108, pp. 2678-2683.

Meinshausen, M., S.C.B. Raper et T.M.L. Wigley (2011), « Emulating coupled atmosphere-ocean and carbon cycle models with a simpler model, MAGICC6: Part I – Model Description and Calibration », *Atmospheric Chemistry and Physics*, vol. 11, pp. 1417-1456.

OCDE (2016, à paraître), *The international trade consequences of climate change*, COM/TAD/ENV/JWPTE(2015)63.

OCDE (2015), *The Economic Consequences of Climate Change*, Éditions OCDE, Paris, http://dx.doi.org/10.1787/9789264235410-en.

OCDE (2012), *Perspectives de l'environnement de l'OCDE à l'horizon 2050 : Les conséquences de l'inaction*, Éditions OCDE, Paris, http://dx.doi.org/10.1787/env_outlook-2012-fr.

Van Dingenen, R. et al. (2009), « The global impact of ozone on agricultural crop yields under current and future air quality legislation », *Atmospheric Environment,* vol. 43, n° 3, pp. 604-618.

Vrontisi, Z. et al. (2016), « Economic impacts of EU clean air policies assessed in a CGE framework », *Environmental Science and Policy*, vol. 55, pp. 54-64.

Chapitre 5

Coûts en bien-être de la pollution de l'air extérieur à l'horizon 2060

Ce chapitre présente les résultats de l'analyse des coûts en bien-être de la pollution de l'air extérieur. Il propose tout d'abord une évaluation des coûts en bien-être des impacts non marchands, en termes notamment de mortalité et de morbidité, en particulier les coûts de désutilité liée à la maladie. Il se termine par une réflexion sur la possibilité de comparer et d'additionner les coûts marchands et non marchands lorsqu'ils sont tous deux exprimés en termes de bien-être. Si les coûts non marchands sont évalués d'après les résultats d'études sur le consentement à payer, les coûts marchands sont calculés quant à eux à l'aide du modèle ENV-Linkages et exprimés en termes de bien-être au moyen de la variation équivalente du revenu.

5.1. Coûts en bien-être de la mortalité

Comme on l'a vu au chapitre 3, la pollution atmosphérique cause déjà un grand nombre de décès prématurés et, selon les projections, la mortalité associée à la pollution devrait augmenter au cours des prochaines décennies à moins que des mesures plus ambitieuses ne soient prises. Il est possible d'attribuer un coût à ces décès prématurés à partir des résultats des études de préférences déclarées (PD), qui évaluent le consentement à payer (CAP). Ce

Tableau 5.1. **Coûts en bien-être des décès prématurés dus à la pollution de l'air extérieur, projection centrale**

Milliards USD, taux de change PPA de 2010

		2015	2030		2060	
			Non linéaire	Linéaire	Non linéaire	Linéaire
OCDE Amérique	Canada	20	30	30	60	60
	Chili	10	10	10	20	20
	Mexique	30	60	60	230	230
	États-Unis	380	460	490	790	830
OCDE Europe	Quatre grands UE	360	400	400	500	540
	Autres UE OCDE	230	310	300	490	490
	Autres OCDE	140	260	250	670	660
OCDE Pacifique	Aus. et Nouv. Zélande	0	10	10	10	20
	Japon	190	270	260	390	400
	Corée	60	130	120	280	290
Reste de l'Europe et de l'Asie	Chine	850	2 260	2 450	6 730	8 830
	UE non-OCDE	30	40	40	70	70
	Russie	160	240	240	300	300
	Région Caspienne	60	150	150	540	560
	Autre Europe	30	40	40	90	90
Amérique latine	Brésil	40	80	80	200	200
	Autre Am. Latine	40	70	80	270	270
Moyen-Orient et Afrique du Nord	Moyen-Orient	80	180	190	770	910
	Afrique du Nord	30	60	60	260	270
Asie du Sud et du Sud-Est	ANASE 9	60	140	140	640	750
	Indonésie	30	60	60	230	240
	Inde	220	570	670	3 360	7 260
	Autre Asie	70	150	140	1 070	1 700
Afrique sub-saharienne	Afrique du Sud	10	20	20	40	40
	Autre Afrique	30	50	50	290	300
	Monde	*3 160*	*6 050*	*6 340*	*18 300*	*25 330*
	OCDE	*1 420*	*1 940*	*1 930*	*3 440*	*3 540*
	Non-OCDE	*1 740*	*4 110*	*4 410*	*14 860*	*21 790*

StatLink http://dx.doi.org/10.1787/888933406697

Note : Compte tenu de la courbure des fonctions et du fait que les chiffres ont été arrondis, les effets de la projection non linéaire peuvent dans certains cas apparaître légèrement plus marqués que ceux de la projection linéaire; cela affecte uniquement les résultats concernant des niveaux de concentration faibles et modestes.

rapport présente les coûts en termes de bien-être des décès prématurés dus à la pollution de l'air, calculés par la méthode de la VVS (voir la section 2.6 pour une présentation générale de la méthode VVS utilisée).

Le tableau 5.1 indique les résultats relatifs aux coûts en bien-être associés aux décès prématurés dus à la pollution de l'air extérieur pour les $PM_{2.5}$ et l'ozone. Pour faciliter la comparaison avec les résultats des modèles présentés au chapitre 4, les chiffres nationaux sont agrégés dans les groupements régionaux utilisés dans le cadre de modélisation. Selon les projections, les coûts, estimés à 3 200 milliards USD à l'échelle mondiale en 2015, atteignent 18 000-25 000 milliards USD en 2060 (en USD constants de 2010 sur la base des taux de change à PPA) selon les deux méthodes d'estimation du nombre de décès prématurés (à l'aide de la fonction concentration-réponse linéaire et non linéaire respectivement). Le chiffre projeté est six à huit fois plus élevé, et reflète l'accroissement du nombre de décès prématurés à l'échelle mondiale (sous l'effet des évolutions démographiques et de la modification des concentrations) et l'accroissement de la VVS (suite à l'augmentation des revenus, avant tout dans les pays émergents et en développement).

Selon les projections, les coûts en bien-être dus aux décès prématurés font plus que doubler dans les pays membres de l'OCDE, passant de 1 400 milliards USD en 2015 à 3 400-3 500 milliards USD en 2060. Les estimations font toutefois état d'une augmentation des coûts et de la part qu'ils représentent dans les économies non membres de l'OCDE : ils avoisinent 1 700 milliards USD en 2015 et devraient pratiquement décupler pour s'établir à 15 000-22 000 milliards USD en 2060. Cette évolution tient essentiellement au nombre élevé et grandissant des décès prématurés en la République populaire de Chine (« la Chine » dans la suite du document) et en Inde.

Bien que les méthodes employées soient différentes, ces chiffres sont comparables à ceux présentés dans le rapport OCDE (2014). Selon les estimations de ce rapport, la pollution de l'air a causé près de 500 000 décès prématurés en 2010, ce qui correspond à un coût en bien-être de 1 500 milliards USD. Ce rapport utilise la même VVS pour les pays membres de l'OCDE.

Comme indiqué à la section 2.6, les valeurs de la VVS indiquées dans le présent rapport sont calculées en utilisant une valeur de référence de l'OCDE exprimée en dollars de 2005, qui est de 3 millions USD, et des techniques de transfert d'avantages pour obtenir des valeurs par pays d'après le rapport OCDE (2012). On se base pour cela sur le revenu de chaque pays avec une élasticité-revenu de 0.8 pour les pays à revenu élevé, 0.9 pour les pays à revenu intermédiaire et 1 pour les pays à faible revenu. Bien qu'il s'agisse là des valeurs les plus fiables si l'on en croit les recherches récentes, ces chiffres comportent néanmoins un fort degré d'incertitude.

Le graphique 5.1 présente une analyse de sensibilité de la valeur attribuée aux décès prématurés par rapport à quatre hypothèses concernant les élasticités-revenu utilisées : *(i)* un niveau uniformément élevé, avec une élasticité de 1 pour toutes les régions; *(ii)* un niveau uniformément bas, avec une élasticité de 0.8 pour toutes les régions; *(iii)* un niveau élevé différencié, avec une élasticité de 1 pour les pays à revenu élevé, de 1.1 pour les pays à revenu intermédiaire et de 1.2 pour les pays à faible revenu; et *(iv)* un niveau bas différencié, avec une élasticité de 0.6 pour les pays à revenu élevé, de 0.7 pour les pays à revenu intermédiaire et de 0.8 pour les pays à faible revenu.

Le graphique montre clairement que l'incertitude concernant le nombre de décès (fonction linéaire ou non linéaire) revêt beaucoup plus d'importance dans l'évaluation des coûts en bien-être à l'horizon 2060 que l'élasticité-revenu utilisée pour anticiper la valeur d'un décès prématuré. Les incertitudes sont un peu plus importantes pour les économies en développement et émergentes, en particulier la Chine, que pour les pays de l'OCDE. La prise en compte de l'incertitude relative aux valeurs attribuées élargit la fourchette mondiale des coûts en bien-être de la mortalité qui, de 18 300-25 300 milliards USD (projection centrale), passe à 17 200-26 800 milliards USD. Effectivement, à l'échelle mondiale la prise en compte de l'incertitude entourant la valorisation élargit la fourchette d'incertitude de 1 000-1 500 milliards USD de chaque côté. Plus de la moitié de ce chiffre peut être attribué aux incertitudes concernant les valeurs projetées en Chine. Pour les pays de l'OCDE, l'incertitude concernant le nombre de décès est en général relativement faible (voir le graphique 3.8), et le choix de l'élasticité-revenu a plus d'importance. En Inde, au contraire, l'incertitude concernant le nombre de décès est bien plus importante que celle concernant la valorisation.

Graphique 5.1. **Élasticité-revenu des coûts en bien-être liés aux décès prématurés : analyse de sensibilité**

Milliards USD, taux de change PPA de 2010, 2060

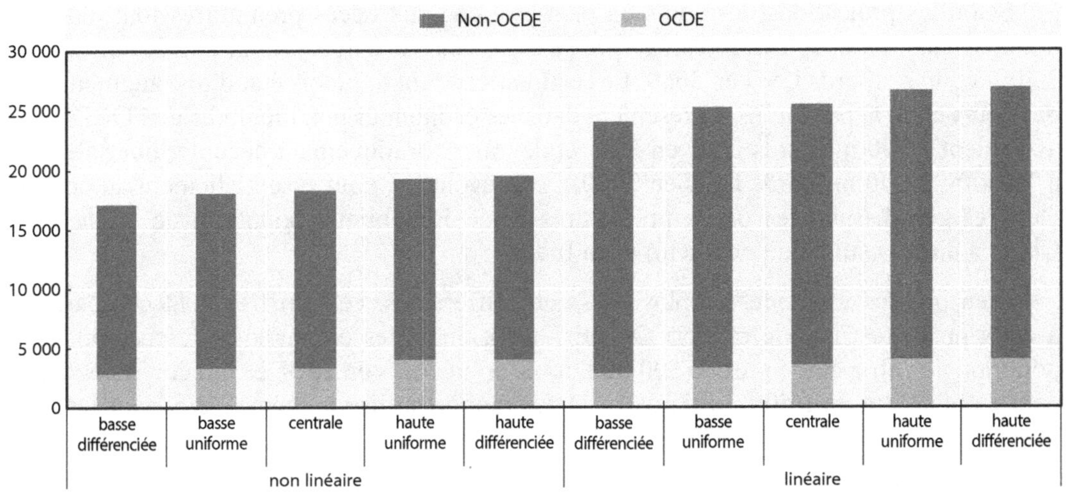

StatLink http://dx.doi.org/10.1787/888933406621

5.2. Coûts en bien-être de la morbidité

Dans ce rapport, les coûts de la désutilité liée à la maladie sont considérés comme des coûts non marchands et sont estimés d'après le CAP tiré des études de préférences déclarées, comme l'indique la section 2.6. Le graphique 5.2 illustre les coûts en bien-être des maladies par habitant, ventilés en différentes catégories : coûts dus à la restriction de l'activité (jours d'activité restreinte et jours d'activité légèrement restreinte), admissions à l'hôpital, et maladies (nouveaux cas de bronchite chronique chez les adultes, bronchite chez les enfants âgés de 6 à 12 ans, et journées de crise d'asthme chez les sujets âgés de 5 à 19 ans).

Les coûts en bien-être les plus élevés sont ceux qui sont liés aux jours d'activité restreinte, par suite de la perturbation des activités normales, puis aux cas de bronchite chronique chez les adultes. Les régions où les coûts par habitant sont les plus élevés sont la Chine, suivie par la Corée, l'Europe de l'Est et la région Caspienne. Ce sont dans ces régions que le nombre de cas de maladie par habitant est le plus élevé. Il est intéressant de noter que les résultats de la Corée et de la Chine sont similaires, en ce qui concerne les cas de bronchite chronique chez l'adulte, notamment. Le nombre projeté de cas de bronchite chronique est plus important en Chine qu'en Corée (près de 3 millions en Chine contre 260 000 en Corée, en 2060). Cependant, si l'on calcule les coûts par habitant, la taille de la population entre en jeu et elle est bien plus importante en Chine. De plus, la valeur attribuée à un cas de bronchite chez l'adulte est plus faible en Chine qu'en Corée.

Graphique 5.2. **Coûts en bien-être des maladies dues à la pollution de l'air extérieur, projection centrale**

USD par habitant, taux de change PPA de 2010, 2060

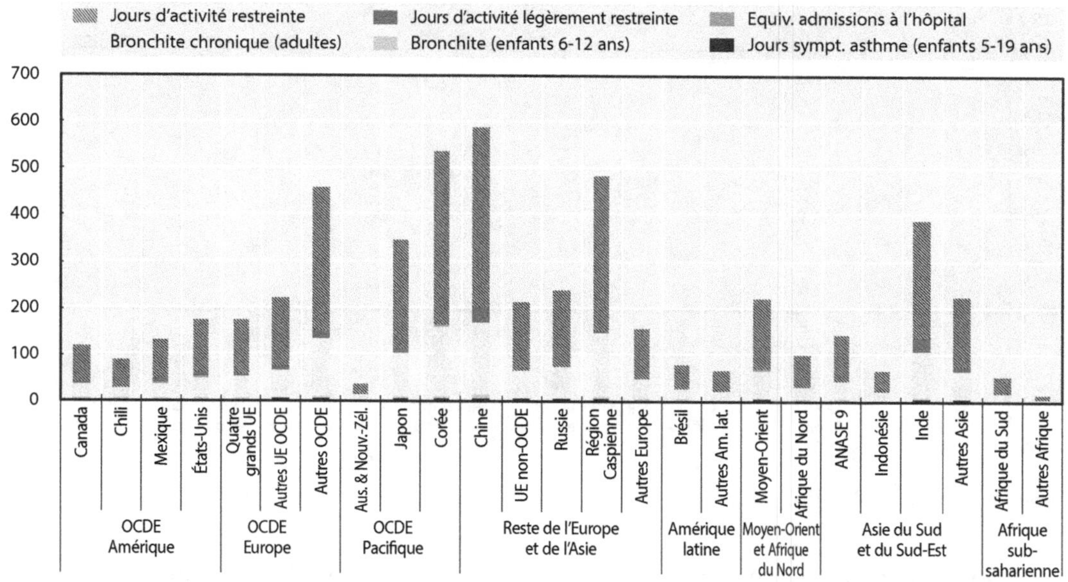

StatLink http://dx.doi.org/10.1787/888933406630

À l'échelle mondiale, les coûts en bien-être des impacts non marchands de la morbidité sont estimés à 280 milliards USD en 2015 et à 2 200 milliards USD en 2060. Cette forte poussée au cours des prochaines décennies signifie qu'un nombre croissant de personnes seront touchées par la pollution de l'air qui perturbera leur vie quotidienne et fera augmenter les coûts associés à la maladie.

5.3. Coûts en bien-être des impacts marchands

Dans ce rapport, les coûts marchands des effets sanitaires sont associés aux effets des dépenses de santé supplémentaires et à la modification de la productivité du travail, générés par le modèle d'équilibre général[1]. Outre ces coûts, le cadre de modélisation est également utilisé pour calculer les coûts des impacts sur l'agriculture, plus les coûts et les effets indirects qui surviennent dans l'économie, comme les ajustements sectoriels.

Les coûts des impacts marchands de la pollution de l'air considérés ici ont été présentés dans le chapitre 4 en pourcentage du PIB. Il n'est toutefois pas possible de comparer directement le PIB et les coûts en bien-être de la mortalité et de la morbidité présentés dans les sections 5.1 et 5.2 respectivement. En utilisant la variation équivalente du revenu on peut toutefois calculer les coûts en bien-être privé de certains impacts de la pollution de l'air (hors pertes de bien-être dues à la diminution des biens publics fournis). On trouvera des détails sur le calcul des coûts en bien-être à l'aide d'un modèle d'équilibre général calculable (EGC) à la section 2.8. Les résultats illustrant le PIB et les coûts en bien-être des impacts marchands sont présentés dans le graphique 5.3 sous la forme des effets combinés des dépenses de santé, de la productivité du travail et de l'agriculture ainsi que d'un effet d'interaction.

Graphique 5.3. **PIB et coûts en bien-être des impacts marchands de la pollution de l'air extérieur, projection centrale**

Variation en pourcentage du PIB et du revenu par rapport à la projection hors rétroactions, 2060

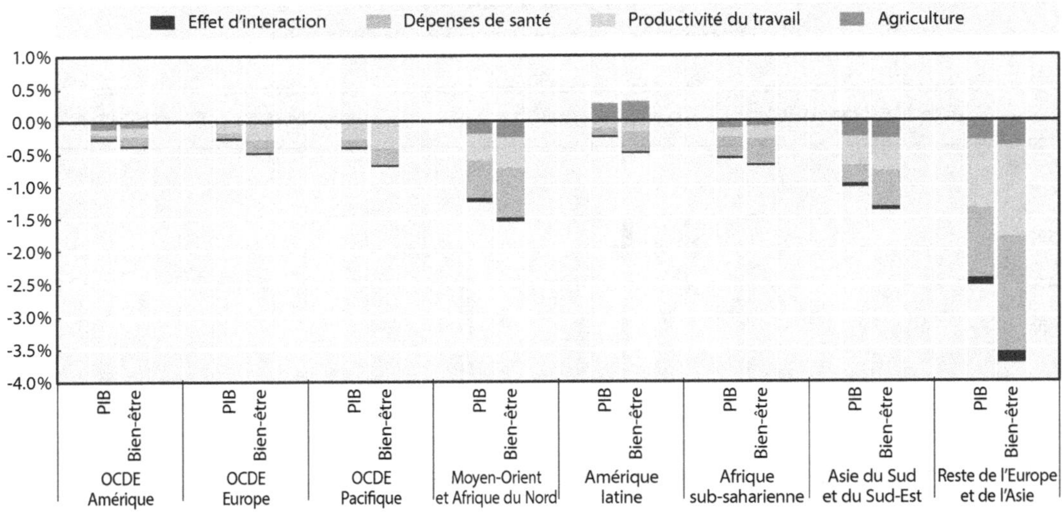

StatLink http://dx.doi.org/10.1787/888933406649

Source : Modèle ENV-Linkages.

La variation en pourcentage des coûts en bien-être est généralement supérieure à celle du PIB : le coût mondial de la pollution de l'air en 2060 est égal à 1.0% du PIB, et à 1.5% du revenu lorsqu'il est calculé au moyen de la variation équivalente du revenu. Dans le cas de l'agriculture, la variation équivalente correspond à celle du PIB, mais dans celui de la productivité du travail et, surtout, des dépenses de santé, la variation des coûts en bien-être est plus importante. Les écarts les plus marqués concernent les dépenses de santé qui sont les seules à avoir un impact sur la demande. Il s'ensuit que les impacts sur la demande, qui ont des répercussions directes sur le bien-être privé, sont beaucoup plus importants si l'on considère le bien-être plutôt que le PIB. En effet, les chocs sur la demande se répercutent directement sur la consommation. Ils ont donc un effet correspondant sur les coûts en bien-être, mais sont amoindris dans la variation du PIB qui ne peut pas rendre compte les conséquences de ces chocs en termes de bien-être.

5.4. Regroupement des coûts marchands et non marchands

Comparaison des coûts en bien-être des impacts marchands et non marchands

Les coûts marchands calculés à l'aide du modèle d'équilibre général et exprimés en termes de bien-être peuvent être comparés aux coûts en bien-être non marchands induits par les décès prématurés et la désutilité liée à la maladie. Malheureusement, l'insuffisance des informations disponibles ne permet pas de donner une fourchette d'incertitude concernant les coûts présentés dans cette section. Cette marge n'est indiquée que pour le nombre projeté de décès prématurés. Les nombres absolus présentés ne doivent donc être considérés que comme indicatifs de l'ordre de grandeur des résultats et ils ne constituent pas des estimations exactes des coûts en bien-être de la pollution de l'air extérieur aux différentes périodes.

Le tableau 5.2 présente les différents types de coûts annuels en bien-être de la pollution atmosphérique : *(i)* les coûts directs et indirects en bien-être de certains impacts marchands de la morbidité et des impacts agricoles (voir la section 5.3); *(ii)* les coûts de la désutilité liée à la maladie (voir la section 5.2); et *(iii)* les décès prématurés dus à la pollution atmosphérique (voir la section 5.1).

Dans les pays de l'OCDE, les coûts annuels en bien-être des différents impacts marchands s'élèvent au total à 90 milliards USD en 2015, 150 milliards USD en 2030, et 390 milliards USD en 2060, ce qui correspond respectivement à 0.3 %, 0.3 % et 0.5 % du revenu (exprimé en PIB par habitant); ou à 70 USD, 110 USD et 270 USD par habitant. Au niveau mondial, les chiffres sont plus élevés tant en termes absolus qu'en pourcentage de revenu, et ils augmentent beaucoup plus rapidement dans le temps : alors qu'en 2015 et 2030, les coûts moyens en bien-être des impacts marchands par personne sont plus faibles dans les économies non-OCDE que dans la région OCDE, en 2060 ils sont nettement plus élevés dans les économies non-OCDE, atteignant 1.5 % du revenu.

Tableau 5.2. **Coûts totaux en bien-être de la pollution de l'air extérieur, projection centrale**

Milliards USD, taux de change PPA de 2010

	OCDE			Monde		
	2015	**2030**	**2060**	**2015**	**2030**	**2060**
Coûts en bien-être des impacts marchands						
Agriculture						
Coûts directs	10	10	20	40	50	80
Effets économiques indirects	10	20	40	50	90	320
Santé : Morbidité						
Dépenses de santé						
Coûts directs	10	10	30	20	40	140
Effets économiques indirects	20	40	100	120	290	1 350
Productivité du travail						
Coûts directs	30	40	60	50	90	350
Effets économiques indirects	10	30	120	30	140	900
Effets d'interactions économiques	0	0	20	20	30	160
TOTAL des impacts marchands	**90**	**150**	**390**	**330**	**730**	**3 300**
En part de revenu (pourcentage)	*0.3%*	*0.3%*	*0.5%*	*0.6%*	*0.7%*	*1.5%*
Par habitant (USD par habitant)	*70*	*110*	*270*	*50*	*90*	*330*
Coûts en bien-être des impacts non marchands						
Santé						
Morbidité : Coûts de la désutilité	130	170	310	280	560	2 240
Mortalité	1 420	1 930-1 940	3 440-3 540	3 160	6 050-6 340	18 300-25 330
TOTAL des impacts non marchands	**1 550**	**2 100-2 110**	**3 750-3 850**	**3 440**	**6 610-6 900**	**20 540-27 570**
*En part de revenu (pourcentage)**	*5%*	*4%*	*5%*	*6%*	*7%*	*9-12%*
Par habitant (USD par habitant)	*1 210*	*1 530-1 540*	*2 610-2 680*	*470*	*780-820*	*2 060-2 770*
Coûts divers						
Effets manquants (biodiversité, patrimoine culturel, ...)	n.d.	n.d.	n.d.	n.d.	n.d.	n.d.

StatLink http://dx.doi.org/10.1787/888933406707

* Les coûts en bien-être des impacts non marchands n'étant pas liés à des dépenses, ils ne sont pas intégrés au calcul du revenu; ils ne sont exprimés en part de revenu qu'à titre d'exemple.

Dans l'ensemble des pays membres de l'OCDE, les coûts annuels en bien-être liés aux impacts sur la santé non marchands de la pollution de l'air extérieur s'élèvent à 1 600 milliards USD en 2015, et passent à 3 900 milliards USD en 2060, dont plus de 90% sont imputables à la perte de bien-être imputable à des décès prématurés. Au niveau mondial, les coûts qui, selon les projections, devraient s'élever à 3 400 milliards USD en 2015 augmentent plus rapidement pour atteindre 6 600-6 900 milliards USD en 2030, et 20 500-27 600 milliards USD en 2060. Cette fourchette d'incertitude plus large reflète la sensibilité des projections relatives aux décès prématurés à des concentrations très élevées, la fonction concentration-réponse pouvant dans ce cas devenir non linéaire (voir la section 5.1).

Ces coûts en bien-être des impacts non marchands ne sont pas liés à des dépenses ou à des biens échangés; ils ne peuvent donc pas être comparés directement à des indicateurs macroéconomiques comme le PIB. Mais pour donner une idée de leur ordre de grandeur, on peut les exprimer en part du revenu total; pour l'ensemble des pays de l'OCDE, ces coûts en bien-être avoisinent 5% en 2015, et restent approximativement constant dans le temps. Au niveau mondial, ils augmentent, passant de 6% en 2015 à 9-12% en 2060.

Les coûts en bien-être non marchands peuvent aussi être calculés par habitant. En 2015, les coûts en bien-être par habitant des impacts non marchands de la pollution de l'air extérieur sont plus élevés dans les pays de l'OCDE que dans les pays émergents et en développement : ils s'établissent à environ 1 200 USD par habitant dans les pays de l'OCDE, et à moins de 500 USD par habitant au niveau mondial. En 2060, la situation est différente malgré la croissance démographique continue des pays en développement : selon les projections, dans la région OCDE, les coûts par habitant progressent légèrement pour atteindre 2 610-2 680 USD, tandis qu'au niveau mondial, ils augmentent et passent à 2 060-2 770 USD. Une part importante de l'augmentation des coûts des pays non membres de l'OCDE se produit dans la région du Reste de l'Europe et de l'Asie (qui comprend la Chine comprise), comme indiqué précédemment. Cela s'explique à la fois par les niveaux élevés de concentrations et par l'accroissement des coûts associés aux impacts sur la santé, qui résulte de la croissance économique et de la hausse des niveaux de revenu.

Graphique 5.4. **Évolution des coûts en bien-être de la pollution de l'air extérieur, projection centrale**

Milliards USD, taux de change PPA de 2010

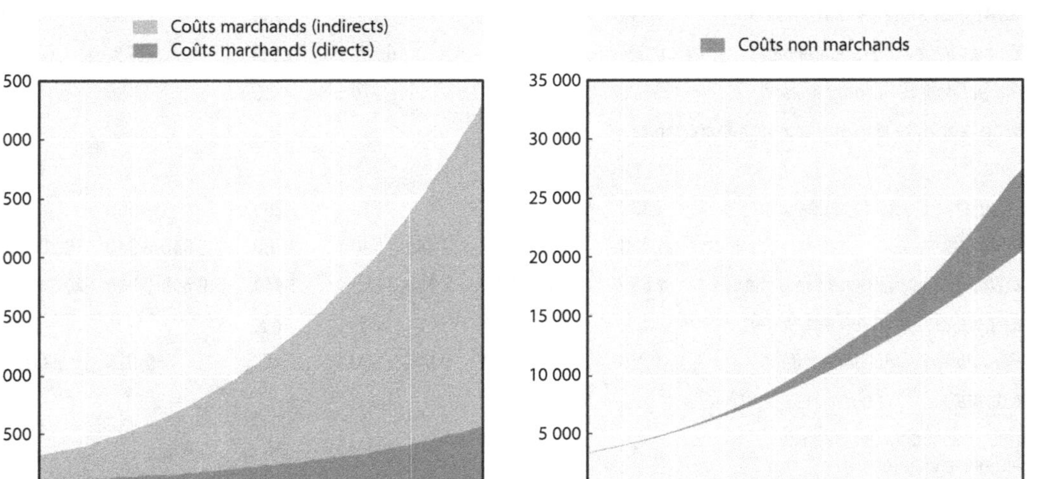

StatLink http://dx.doi.org/10.1787/888933406653

Si la perte de bien-être liée aux décès prématurés est manifestement, de loin, la principale composante des coûts, les répercussions économiques indirectes des différents impacts marchands jouent cependant un rôle de plus en plus important. Si le bien-être sert à mesurer les coûts marchands, les effets économiques indirects sont calculés comme la différence entre les coûts marchands directs et la variation équivalente du revenu.

À court et moyen terme, les répercussions économiques indirectes sont généralement du même ordre de grandeur que les impacts marchands directs. À long terme (2060), par contre, les répercussions économiques induites par la pollution atmosphérique l'emportent sur les effets directs des différents impacts marchands, en raison surtout des effets à long terme du ralentissement de la croissance. Le calcul des coûts de la pollution atmosphérique liés à la morbidité peut produire des résultats très erronés s'il est fait abstraction de ces répercussions économiques indirectes. Le graphique 5.4 confirme l'importance croissante des conséquences économiques indirectes au cours du temps.

Évaluation agrégée des coûts en bien-être des impacts marchands et non marchands

Le total des coûts en bien-être des impacts de la pollution de l'air extérieur comprend à la fois les coûts marchands et non marchands. En principe, ces deux types de coûts doivent être additionnés car chacun ne donne qu'une image partielle du total des coûts en bien-être. Or, ils le sont rarement dans la littérature, les études portant essentiellement sur une seule dimension des coûts totaux en bien-être. Ainsi, la littérature de l'évaluation se concentre principalement sur les coûts non marchands et ne tient pas compte des effets économiques indirects (Hunt et al., 2016). En revanche, la littérature sur la modélisation en EGC et le coût de la maladie peut calculer les effets économiques directs et indirects, mais, en règle générale, ne peut pas traiter les impacts non marchands (par exemple, Vrontisi et al., 2016).

L'approche globale adoptée dans ce rapport présente l'avantage de fournir des projections détaillées des coûts marchands et non marchands. Il peut être complexe d'agréger ces deux types de coûts car les techniques de mesure diffèrent et il est impossible d'éliminer toutes les causes possibles de double comptage.

Les coûts en bien-être des impacts marchands et non marchands calculés dans ce rapport sont mesurés différemment mais peuvent être tous exprimés en termes de perte de revenu globale. D'une part, dans l'évaluation des coûts marchands par modélisation en EGC, la variation équivalente du revenu reflète le consentement maximal à payer pour éviter, au sein du système économique, la détérioration provoquée par les impacts marchands de la pollution de l'air extérieur. Cette évaluation repose sur l'hypothèse que les ménages se conduisent rationnellement et elle ne porte que sur l'évolution de la consommation privée. D'autre part, l'évaluation des coûts non marchands se fonde sur des études qui demandent directement aux répondants d'évaluer une modification du risque. Le recours à des estimations disponibles dans la littérature en ce qui concerne les valeurs non marchandes signifie que les questionnaires correspondants pourraient ne pas être totalement compatibles avec le reste de l'évaluation présentée dans ce rapport. Cette question doit être gardée à l'esprit lors de l'interprétation des résultats agrégés.

Il existe aussi un risque de double comptage de certains coûts. Comme expliqué dans la section 2.6, on s'efforce de l'éviter le plus possible. Les impacts agricoles ne sont évalués que comme coûts marchands et il n'est pas tenu compte de leurs coûts non marchands[2]. De même, s'agissant des effets en termes de mortalité, le double comptage est éliminé en ne se concentrant que sur les coûts non marchands car ceux-ci devraient être prépondérants, et l'évaluation de la mortalité ne reflète que les valeurs totales. Pour ce qui est des effets de la morbidité, le double comptage risque d'être plus problématique car les coûts marchands et les coûts non marchands sont pris en compte, mais les valeurs unitaires servant à calculer la désutilité reposent sur des études qui, du moins en principe, ne couvrent que les coûts non marchands et excluent tous les coûts marchands (OCDE, 2012).

Malgré ces difficultés, il est légitime d'évaluer le coût complet de l'inaction en faisant la somme des valeurs monétaires des différentes composantes du coût, tout en gardant à l'esprit les réserves émises. Les incertitudes évoquées précédemment impliquent que les nombres absolus présentés dans la présente section doivent être interprétés avec précaution. Ce n'est pas l'estimation ponctuelle des coûts de l'inaction qui doit susciter l'action publique mais leur ordre de grandeur. Les chiffres des coûts totaux en bien-être de la pollution de l'air extérieur qui sont présentés peuvent être considérés comme les limites supérieures des coûts complets des impacts considérés, compte tenu des possibilités de double comptage. Toutefois, ces coûts en bien-être excluent certains impacts susceptibles d'avoir des conséquences négatives pour le bien-être, tels que les effets sanitaires directes du NO_2 ou les effets sur les écosystèmes et la biodiversité, ce qui donne à penser que les coûts potentiels totaux en termes de bien-être de la pollution de l'air extérieur sont probablement plus élevés que ceux présentés dans ce rapport.

Si on fait la somme des différents éléments de coût présentés dans le tableau 5.2, le total des coûts globaux en bien-être de la pollution de l'air extérieur imputables à tous les impacts ayant pu être mesurés dans ce rapport devrait, d'après les projections, avoisiner 3 800 milliards USD (7% du revenu; 510 USD par habitant) en 2015, pour atteindre 23 800-30 900 milliards USD (11-14% du revenu; 2 400-3 100 USD par habitant) en 2060. En comparaison, le total correspondant des coûts en bien-être de la région OCDE s'élève respectivement à 1 600 milliards USD (5% du revenu; 1 280 USD par habitant) en 2015 et à 4 100-4 200 milliards USD (5% du revenu; 2 880-2 950 USD par habitant) en 2060.

Les disparités régionales sont particulièrement marquées pour les effets économiques indirects, comme le montre le graphique 5.5 (qui utilise des valeurs linéaires pour la mortalité). Ainsi que l'explique le chapitre 4, dans certaines régions, comme l'Europe de l'Est, les effets indirects des dépenses de santé sont particulièrement prononcés et négatifs et aggravent sensiblement les répercussions sur le bien-être de la pollution atmosphérique. Dans d'autres régions, en revanche, les conséquences économiques indirectes sont bien plus limitées, car les pays peuvent devenir plus compétitifs que leurs partenaires. Tel est par exemple le cas du Brésil et d'autres pays d'Amérique latine dans le secteur agricole. Cela réduit les conséquences économiques négatives et pourrait même éventuellement donner lieu à des gains absolus en termes d'activité économique et, par conséquent, de PIB et de bien-être.

Selon les projections, les coûts totaux de la morbidité augmentent en même temps que ses effets indirects, à un rythme plus rapide que les coûts de la mortalité[3]. L'OCDE (2014) et Hunt et al. (2016) proposent de majorer de 10% les coûts de la mortalité pour obtenir une valeur approchée des coûts de morbidité, sur la base d'études d'évaluation antérieures. Les résultats présentés dans ce rapport, compte tenu de toutes les réserves formulées, confirment dans l'ensemble la validité d'un tel ratio pour les évaluations effectuées à l'échelle mondiale quand les effets économiques indirects sont faibles. En fait, ce ratio se maintient globalement sur tout l'horizon temporel du modèle quand les effets économiques indirects ne sont pas pris en compte. Toutefois, cette majoration devrait s'accroître au cours du temps car à plus long terme les effets économiques indirects sont plus marqués. Un taux de majoration générique fait par ailleurs abstraction des différences notables qui existent entre les régions.

Ces résultats concernant l'importance des effets indirects confirment la nécessité d'étudier les impacts marchands et non marchands pour évaluer les coûts complets de la morbidité, et donc les coûts complets de la pollution de l'air extérieur. Ce peut être fait en associant des outils adaptés aux différents types de coûts, notamment un modèle des systèmes économiques pour les coûts marchands (indirects), et une évaluation directe des coûts en bien-être non marchands sur la base du consentement à payer tiré des études de préférences déclarées.

Graphique 5.5. **Composantes des coûts en bien-être de la pollution de l'air extérieur par région, projection centrale**

Pourcentages du total des coûts en bien-être basés sur les valeurs linéaires de la mortalité, 2060 ; les chiffres entre parenthèses représentent la part des coûts de la mortalité pour les fourchettes des valeurs linéaires et non linéaires

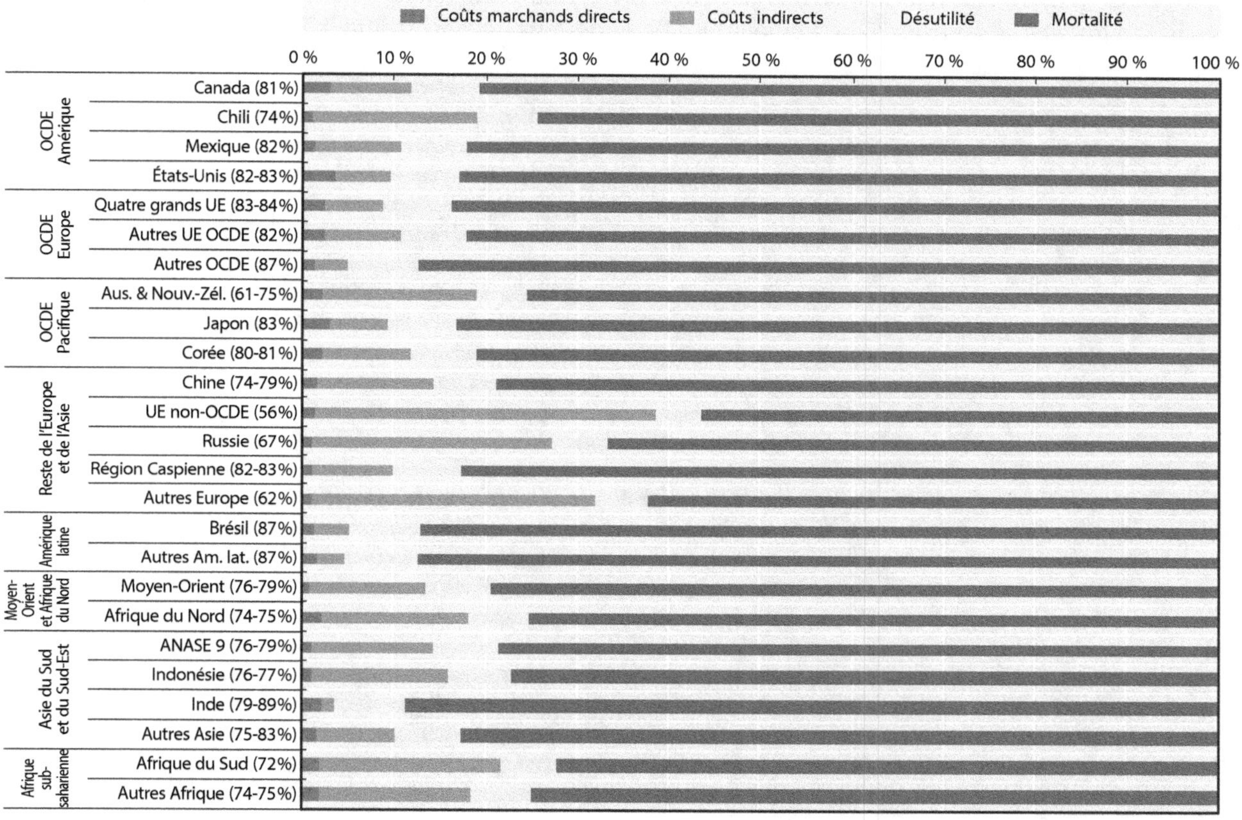

StatLink http://dx.doi.org/10.1787/888933406661

Notes

1. Les coûts associés à la perte de temps de loisirs n'ont pas pu être pris en compte dans le cadre de modélisation.
2. Cela s'explique essentiellement par l'insuffisance de données au niveau mondial pour quantifier convenablement les coûts en bien-être, par exemple, des pertes d'écosystèmes et de biodiversité qui sont associées aux impacts agricoles.
3. D'autres facteurs contribuent également à expliquer la moindre proportion de mortalité à long terme, parmi lesquelles l'amélioration des soins de santé qui peuvent permettre d'éviter des décès.

Références

Hunt, A. et al. (2016), « Social costs of morbidity impacts of air pollution », *Documents de travail de l'OCDE sur l'environnement*, n° 99, Éditions OCDE, Paris, http://dx.doi.org/10.1787/5jm55j7cq0lv-en.

OCDE (2014), *Le coût de la pollution de l'air : Impacts sanitaires du transport routier*, Éditions OCDE, Paris, http://dx.doi.org/10.1787/9789264220522-fr.

OCDE (2012), *La valorisation du risque de mortalité dans les politiques de l'environnement, de la santé et des transports*, Éditions OCDE, Paris, http://dx.doi.org/10.1787/9789264169623-fr.

Annexe A

Description du modèle ENV-Linkages

Le modèle EGC dynamique établi par l'OCDE, ENV-Linkages, est l'instrument de base utilisé pour évaluer les conséquences économiques des impacts climatiques jusqu'en 2060. L'emploi d'un cadre EGC pour modéliser les impacts climatiques permet d'exploiter les informations sectorielles fournies par le modèle. En effet, contrairement aux modèles d'évaluation intégrée (MEI) agrégés dans lesquels les impacts monétisés sont soustraits du PIB, un cadre EGC modélise les différents types d'impacts en les associant directement aux secteurs et activités économiques concernés.

ENV-Linkages est un modèle multisectoriel et multirégional qui établit un lien entre les activités économiques et les questions énergétiques et environnementales. Le modèle ENV-Linkages est le successeur du modèle GREEN de l'OCDE pour les études environnementales (Burniaux, et al. 1992). On en trouvera une description plus détaillée dans Chateau et al. (2014), tandis que la construction du scénario de référence est présentée dans Chateau et al. (2011).

Dans le modèle ENV-Linkages, on suppose que la production a lieu dans un contexte de minimisation des coûts, de marchés parfaits et de technologies à rendements d'échelle constants. On spécifie chaque technologie de production sous la forme d'une arborescence de fonctions de production à élasticité constante de substitution (ECS) emboîtées (voir le graphique A.1). La structure de l'arborescence est analogue pour chaque production, mais le paramétrage des fonctions ECS peut différer selon les secteurs. Dans le cas des secteurs agricoles, l'emboîtement des fonctions de production comprend une étape de plus pour tenir compte de la substitution entre l'intensification (recours accru aux engrais, par exemple) et l'extensification (plus grande utilisation des terres) de la production végétale, ou entre les productions animales intensive et extensive. Dans le cas de la production d'électricité, on suppose qu'un producteur représentatif maximise son profit en utilisant les différentes technologies de production disponibles et on modélise cette hypothèse par une spécification ECS associée à un degré élevé de substitution. Les technologies de production d'électricité à partir d'autres sources que les combustibles fossiles ont une structure analogue à celle des autres secteurs, à ceci près que le niveau supérieur d'emboîtement associe, d'une part, une ressource propre à un secteur et, d'autre part, un sous-ensemble composé de tous les autres intrants. Cette spécification agit comme une contrainte de capacité sur la fourniture de ces technologies de production d'électricité.

Le modèle adopte une spécification de technologies *putty/semi-putty*, dans laquelle on suppose que les possibilités de substitution entre facteurs sont plus importantes avec le nouveau capital qu'avec l'ancien. À court terme, cela confère une inertie au système économique, avec peu de possibilités d'échapper aux intrants plus onéreux, mais à plus longue échéance, cela implique un ajustement relativement lisse des quantités aux variations de prix. L'accumulation du capital est conforme au modèle de croissance néo-classique de Solow/Swan.

Le bloc énergie est particulièrement intéressant pour l'analyse des questions relatives au changement climatique. L'énergie est un composite des combustibles fossiles et de l'électricité. Les combustibles fossiles sont eux-mêmes un composite du charbon et du bloc « autres combustibles fossiles ». Au niveau d'emboîtement le plus bas, le composite « autres

Graphique A.1. **Structure de production d'un secteur générique dans le modèle ENV-Linkages**

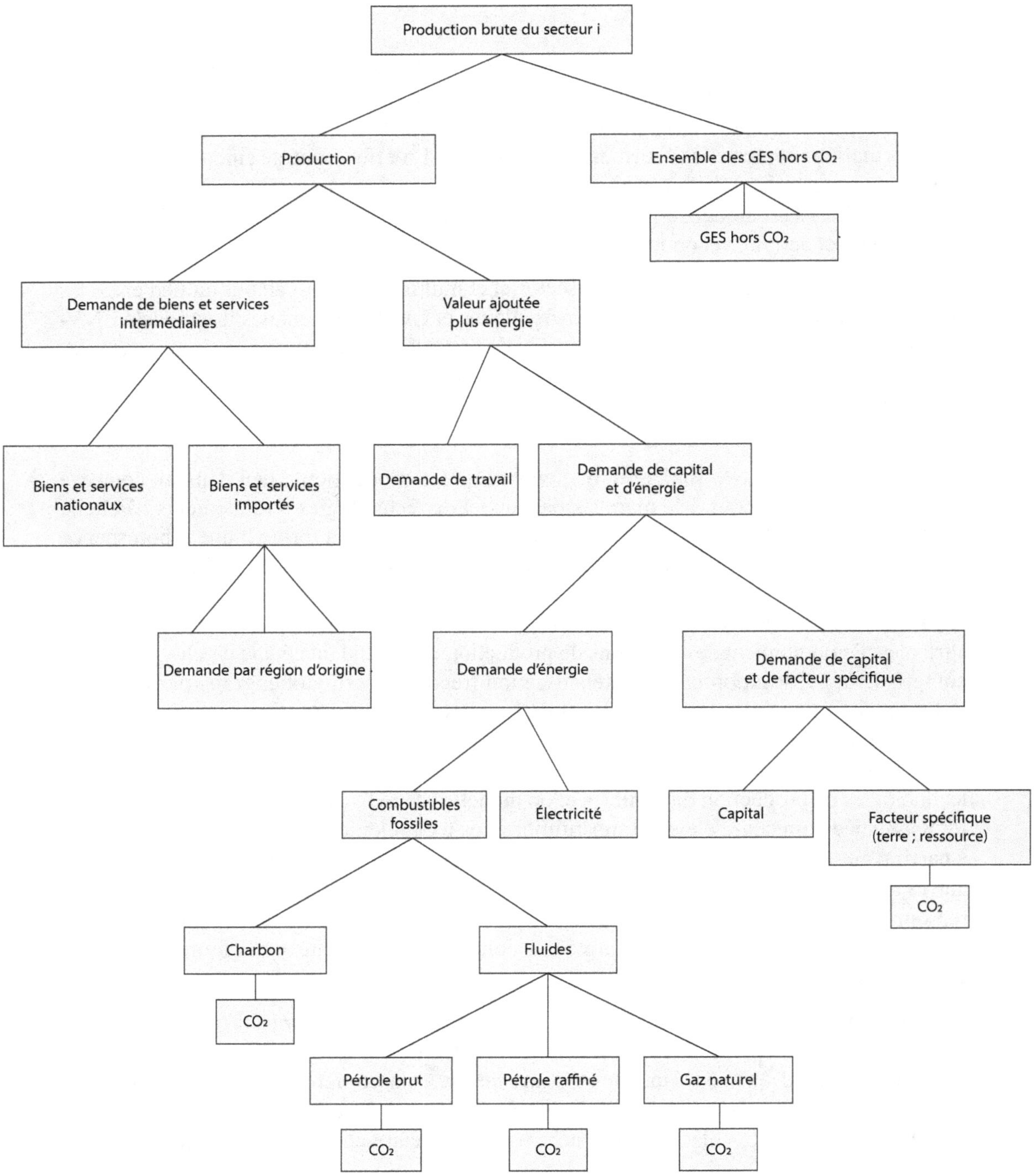

combustibles fossiles » comprend le pétrole brut, les produits pétroliers raffinés et le gaz naturel. On choisit une valeur des élasticités de substitution telle que le degré de substitution est plus élevé entre autres combustibles fossiles qu'avec l'électricité et le charbon.

La demande de consommation des ménages est le résultat d'un comportement de maximisation statique, formalisé par un « système linéaire de dépenses étendu ». Un consommateur représentatif de chaque région – qui considère les prix comme donnés – répartit de manière optimale son revenu disponible sur tout l'éventail des produits de consommation et d'épargne. L'épargne est considérée comme un bien ordinaire dans la fonction d'utilité et ne dépend donc pas de l'adoption d'un comportement prospectif par le consommateur. Dans chaque région, les administrations publiques perçoivent différents types de taxes pour financer les dépenses publiques. Dans l'hypothèse d'une épargne publique (ou d'un déficit public) fixe, l'équilibre des finances publiques est assuré par ajustement de l'impôt sur le revenu auquel les consommateurs sont assujettis. À chaque période, l'investissement, net de l'amortissement économique, est égal à la somme de l'épargne publique, de l'épargne des consommateurs et des flux nets de capitaux en provenance de l'étranger.

Les échanges internationaux se composent d'un ensemble de flux bilatéraux régionaux. Le modèle adopte la spécification d'Armington, en supposant que les produits nationaux et les produits importés ne sont pas parfaitement substituables. En outre, les produits importés de régions différentes sont aussi imparfaitement substituables. La répartition des échanges entre les partenaires est donc fonction des prix relatifs à l'équilibre.

L'équilibre du marché suppose que, d'une part, la production totale de tout bien ou service soit égale à la demande adressée aux producteurs locaux augmentée des exportations et que, d'autre part, la demande totale soit répartie entre les demandes (finale et intermédiaire) aux producteurs locaux et la demande d'importations.

Les émissions de CO_2 par combustion d'énergie dépendent directement des différents combustibles utilisés dans la production. Les autres émissions de gaz à effet de serre (GES) sont liées à la production d'une manière semblable à celle décrite dans Hyman et al. (2002). Les sources suivantes d'émissions hors CO_2 sont prises en compte : *(i)* émissions de méthane provenant de la culture du riz et de l'élevage (fermentation entérique et gestion des effluents) et émissions fugitives de méthane dues à l'extraction de charbon et de pétrole brut, au gaz naturel et aux services (décharges et eaux usées); *(ii)* émissions d'hémioxyde d'azote provenant des cultures (engrais azotés), de l'élevage (gestion des effluents), des produits chimiques (procédés industriels sans combustion) et des services (décharges); et *(iii)* émissions de gaz industriels (SF_6, PFC et HFC) dues à l'industrie chimique (mousses, acide adipique, solvants) et à la production d'aluminium, de magnésium et de semi-conducteurs. Au fil du temps, toutefois, on constate un découplage relatif entre les émissions et l'activité économique sous-jacente grâce à des avancées techniques autonomes, ce qui implique que les émissions croissent moins vite que l'activité économique.

Il est possible de réduire les émissions de trois façons : *(i)* en diminuant l'intensité des émissions dues à l'activité économique; *(ii)* en modifiant structurellement les secteurs concernés de manière à remplacer les intrants « sales » par des intrants plus propres; et *(iii)* en modifiant la structure économique afin de délaisser les secteurs à relativement forte intensité d'émissions au profit de secteurs plus propres. La première méthode, qui n'est pas applicable aux émissions dues à la combustion de combustibles fossiles, suppose des mesures de fin de cycle réduisant les émissions par unité de l'intrant considéré. La deuxième méthode consiste, par exemple, à substituer des énergies renouvelables aux combustibles fossiles dans la production d'électricité, ou à investir dans des machines plus économes en énergie (que l'on représente par une consommation de capital supérieure mais une consommation d'énergie inférieure dans la production). Enfin, la troisième méthode peut faire intervenir la substitution de services à la consommation de biens industriels gourmands en énergie. Dans le modèle, le choix entre ces trois méthodes est endogène et guidé par le prix des émissions.

Le modèle ENV-Linkages est totalement homogène du point de vue des prix, et seuls les prix relatifs comptent. Tous les prix sont exprimés relativement à l'*unité de compte* du système de prix arbitrairement choisi comme indice OCDE des prix à l'exportation pour les biens manufacturés. Chaque région dispose d'une balance des opérations courantes établie dans l'*unité de compte*. Dans le contexte de ce rapport, cette hypothèse a pour conséquence importante que les taux de change réels s'ajustent immédiatement pour compenser les éventuels effets sur la balance des opérations courantes lorsque les pays commencent à exporter ou à importer des permis d'émission.

Comme ENV-Linkages est un modèle récursif dynamique et n'intègre pas de comportement prospectif, il ne représente pas les variations des modes d'innovation induites par les prix. En revanche, il inclut le progrès technologique par le biais d'un ajustement annuel des différents paramètres de productivité, y compris, par exemple, l'amélioration autonome de l'efficacité énergétique et de la productivité du travail. En outre, vu que le choix des intrants est relativement plus flexible pour la production réalisée avec le nouveau capital, les technologies existantes peuvent se propager à d'autres entreprises. En conséquence, dans le cadre de modélisation EGC, les entreprises choisissent la combinaison d'intrants la moins coûteuse, compte tenu de l'état actuel de la technologie. Par ailleurs, la structure du capital ancien fait en sorte que cette flexibilité soit plus grande à long terme qu'à brève échéance.

Les tableaux A.1 et A.2 présentent les agrégats respectivement sectoriels et régionaux qui figurent dans la version du modèle utilisée pour ce rapport.

Tableau A.1. **Agrégats sectoriels du modèle ENV-Linkages**

Agriculture	**Industries manufacturières**
Riz paddy	Papier et produits en papier
Blé et méteil	Produits chimiques
Autres céréales	Minerais non métalliques
Légumes et fruits	Métaux b.d.
Canne à sucre et betterave sucrière	Produits en métal fabriqués
Graines oléagineuses	Autres produits manufacturés
Fibres végétales	Véhicules à moteur
Autres cultures	Matériels électroniques
Élevage	Textiles
Sylviculture	
Ressources halieutiques	
Ressources naturelles et énergie	**Services**
Charbon	Transports terrestres
Pétrole brut	Transports aériens
Extraction et distribution de gaz	Transports fluviaux et maritimes
Autres produits d'extraction	Bâtiment
Produits du pétrole et du charbon	Commerce, autres services et logement
Électricité (5 technologies*)	Services collectifs (administrations publiques, Education,Santé)

* Électricité produite au moyen de combustibles fossiles; électricité produite au moyen de combustibles renouvelables et de déchets; électricité nucléaire; électricité hydraulique et géothermique; électricité solaire et éolienne.

Tableau A.2. **Regroupements régionaux du modèle ENV-Linkages**

Ensembles régionaux	Pays et régions inclus dans le modèle ENV-Linkages
OCDE Amérique	Canada Chili États-Unis Mexique
OCDE Europe	Quatre grands UE (Allemagne, France, Italie, Royaume-Uni) Autres UE OCDE (autres pays de l'UE membres de l'OCDE) Autres OCDE (Islande, Norvège, Suisse, Turquie, Israël)
OCDE Pacifique	Océanie (Australie et Nouvelle-Zélande) Corée Japon
Reste de l'Europe et de l'Asie	Chine UE non-OCDE (pays de l'UE non membres de l'OCDE) Russie Région Caspienne Autre Europe (pays européens non membres de l'OCDE et non membres de l'UE)
Amérique latine	Brésil Autre Amérique latine (autres pays d'Amérique latine)
Moyen-Orient et Afrique du Nord	Afrique du Nord Moyen-Orient
Asie du Sud et du Sud-Est	Inde Indonésie ANASE 9 (autres pays de l'ANASE) Autre Asie (autres pays en développement d'Asie)
Afrique subsaharienne	Afrique du Sud Autre Afrique (autres pays d'Afrique)

Références

Chateau, J., C. Rebolledo et R. Dellink (2011), « An Economic Projection to 2050: The OECD "ENV-Linkages" Model Baseline », Documents de travail de l'OCDE sur l'environnement, n° 41, Éditions OCDE, Paris, http://dx.doi.org/10.1787/5kg0ndkjvfhf-en.

Château, J., R. Dellink et E. Lanzi (2014), « An Overview of the OECD ENV-Linkages Model: Version 3 », *Documents de travail de l'OCDE sur l'environnement*, n° 65, Éditions OCDE, Paris, http://dx.doi.org/10.1787/5jz2qck2b2vd-en.

Annexe B

Description du modèle TM5-FASST

TM5-FASST est un modèle global des relations sources-récepteurs de la qualité de l'air (AQ-SRM) mis au point par le Centre commun de recherche de la Commission européenne pour faciliter l'évaluation rapide de scénarios d'émission de polluants atmosphériques à l'échelle mondiale et régionale et de l'impact de ces émissions sur la santé humaine et sur les écosystèmes. En général, les modèles AQ-SRM établissent un lien entre les émissions de polluants dans une région émettrice déterminée et les impacts en aval, en exploitant les connaissances relatives aux phénomènes météorologiques et aux processus chimiques et physiques atmosphériques qui transforment les précurseurs des polluants émis. Le site d'origine s'entend de tout point ou de toute zone dont les émissions sont considérées ; le site récepteur est défini comme tout point ou toute zone où la concentration et l'impact des polluants doivent être évalués. Un modèle AQ-SRM comprend donc une relation fonctionnelle entre chaque précurseur émis et chaque produit final pour chaque site source et chaque site récepteur.

Le modèle TM5-FASST est un modèle des relations sources-récepteurs sous forme réduite : la relation entre les émissions du composé *i* de source *x* et la concentration de polluant *j* qui en résulte (sachant que $j = i$ lorsqu'il s'agit d'un composant primaire) sur le site récepteur *y* est exprimée sous la forme d'une simple relation fonctionnelle calquée sur les processus météorologiques et chimiques sous-jacents. Dans la variante de TM5-FASST considérée ici, la fonction est une simple relation linéaire :

$$C_{ij}(x,y) = C_j^0(y) + A_{ij}(x,y) \cdot E_i(x)$$

où $C_{ij}(x, y)$ est la concentration du polluant *j* sur le site récepteur *y* formée à partir du précurseur *i* émis à la source *x*, $E_i(x)$ est le taux d'émission (kg/an) du précurseur *i* à la source *x*, $A_{ij}(x, y)$ est le coefficient source-récepteur (CSR) pour le site source *x* et le site récepteur *y* des émissions du précurseur *i* qui génère le produit final *j*, et $C_j^0(y)$ est la constante associée au polluant *j* et au site *y*.

Les coefficients CSR ont été calculés dans le cadre d'une série d'applications du modèle global de transport des substances chimiques TM5-CTM (Krol et al., 2005) considérant des perturbations des émissions pour chaque composante d'un ensemble déterminé de sites sources et de composants précurseurs. TM5-CTM permet de résoudre explicitement les équations du bilan massique des polluants au moyen de champs météorologiques détaillés et de mécanismes de traitements physiques et chimiques perfectionnés. Il utilise une résolution de 1°×1° pour couvrir l'ensemble du domaine. La procédure utilisée pour calculer les coefficients CSR a été appliquée, plus précisément, à 56 sites sources couvrant tous les continents de la planète.

Le modèle a, tout d'abord, servi à produire un scénario de base au moyen de la série de données des émissions mondiales de référence pour tous les polluants et précurseurs pertinents pour l'année 2000, notamment SO_2, NO_x, CN, C_{org}, COVNM et NH_3, en suivant le scénario de référence du GIEC, AR5 RCP, pour l'année 2000 (Van Vuuren et al., 2012). Les calculs ont produit les concentrations de référence de tous les polluants pertinents pour une résolution globale de 1°x1.

Des perturbations ont été introduites dans le modèle : dans chacun des 56 sites sources définis et sur la totalité du territoire qu'ils couvrent, les émissions de chacun des précurseurs de polluants ont été réduites, les unes après les autres, de 20 % par rapport au scénario de base, après quoi la concentration de tous les polluants considérés a été calculée suivant la méthode employée pour le scénario de base. Le nombre de passages du modèle incluant des perturbations devrait donc être de 56′n, n étant le nombre de composants émis considérés comme pertinents. En pratique, pour réduire ce nombre, certains composants n'ayant pas d'interactions entre eux ont été regroupés dans le cadre d'une seule simulation. Dans le cas du CO, qui a une durée de vie plus longue, les perturbations ont été considérées à l'échelle des continents. Dans celui du CH_4 il a été procédé à un unique passage global du modèle TM5-CTM sur la base de l'étude HTAP1 pour évaluer la réaction de l'ozone troposphérique à l'émission d'un kilo de CH_4 (Fiore et al., 2009). Les écarts entre les valeurs de concentration d'un composé particulier pour chaque simulation de perturbation et le scénario de base est une matrice globale des concentrations 360′180 (résolution 1°′1°), qualifiée de champ Delta.

Pour chaque point récepteur (chaque cellule de la grille), l'écart (delta) entre les concentrations produites par le scénario de base et par la simulation de la perturbation permet de calculer un coefficient SR unique qui indique la réaction de la concentration dans chaque cellule de la grille à une modification des émissions dans la région source x, comme indiqué par l'équation ci-après dans laquelle $\Delta E_i(x) = 0.2 \times E_i^0(x)$, sachant que $E_i^0(x)$ représente l'émission du scénario de base.

$$A_{ij}(x,y) = \frac{\Delta C_j(y)}{\Delta E_i(x)}$$

Il est par conséquent possible d'obtenir la concentration totale du composant *j* dans la région réceptrice *y*, résultant des émissions arbitraires de tous ses précurseurs *i* dans tous les sites source *x* en calibrant les coefficients SR respectifs en fonction des variations effectives des émissions :

$$C_{ij}(x,y) = C_j^0(y) + \sum_x \sum_i A_{ij}(x,y)\left[E_i(x) - E_i^0(x)\right]$$

Par exemple, dans le cas de *j*=ozone, les *i* précurseurs comprennent NO_x, COVNM, CO et CH_4. Le tableau B.1 indique toutes les combinaisons de précurseurs-polluants considérées. Cette série d'équations linéaires établies pour tous les composants et pour tous les sites sources et récepteurs est calquée sur le modèle TM5-CTM complet et constitue le « noyau » de TM5-FASST.

Les cartes de concentrations globales obtenues pour différents scénarios d'émission au moyen des coefficients source-récepteur fournissent les informations nécessaires pour pouvoir évaluer plus en détail l'impact des modifications des émissions sur la santé humaine, la végétation et les écosystèmes en général.

Tableau B.1. **Paires pertinentes de précurseurs-polluants émis dans TM5-FASST**

Polluant →	SO_2	NO_x	NH_3	O_3	CH_4	SO_4	NO_3	NH_4	CN	COP	SO_x	NOY	CN
Précurseur ↓	gaz	gaz	gaz	gaz	gaz	part.	part.	part.	part.	part.	dép	dép	dép
SO_2 (g)	xxx	x	xx	x	x	xxx	xx	xx			xxx		
NO_x (g)	x	xxx	xx	xxx	xx	xx	xxx	xx			x	xxx	
NH_3 (g)	x	x	xxx	x	x	xx	xx	xxx			x		
CN (g)									xxx				xxx
COP (g)										xxx			
COVNM (g)	x	x	x	xxx	xx	x	x	x			x		
CO (g)				xxx	xx								
CH_4 (g)	x	x	x	xxx	xxx	x	x	x			x		

Note : le nombre de x donne une indication qualitative du degré d'influence des précurseurs (xxx : influence la plus forte). Le degré d'influence indiqué par un seul x résulte de mécanismes de rétroaction ayant un impact sur le niveau des oxydants et, par conséquent, sur la durée de vie du radical hydroxyle (OH) dans l'atmosphère, qui à son tour influe sur le taux d'oxydation des précurseurs. La mention (g) indique qu'il s'agit d'un composant gazeux; part. = particules; dép = composant déposé; COP = composé organique polycyclique; NO_Y : azote combiné.

Source: modèle TM5-FASST.

La méthode utilisée dans le cadre du modèle TM5-FASST et sa validation par rapport au modèle complet TM5 sont décrites par Van Dingenen et Dentener (à paraître).

Références

Fiore, A. et al. (2009), « Multimodel estimates of intercontinental source-receptor relationships for ozone pollution », *Journal of Geophysical Research*, vol. 114, D04301.

Krol, M. et al. (2005), « The two-way nested global chemistry-transport zoom model TM5: algorithm and application », *Atmospheric Chemistry and Physics,* vol. 4, pp. 3975-4018.

Van Dingenen, R. et F.J. Dentener (à paraître), « TM5-FASST: a global source-receptor model for particulate matter, trace gases and radiative forcing », manuscrit en préparation pour le numéro spécial de la revue Atmospheric Chemistry and Physics (ACP) sur le transport hémisphérique de la pollution de l'air (HTAP).

Van Vuuren, D.P. et al. (2012), « A proposal for a new scenario framework to support research and assessment in different climate research communities », *Global Environmental Change*, vol. 22, n° 1, pp. 21-35.

Annexe C

Méthode de calcul des impacts sur la santé

Une fois que l'exposition de la population à la pollution atmosphérique a été quantifiée au moyen du modèle TM5-FASST, il devient possible d'analyser les impacts sur la santé de la pollution atmosphérique, notamment le nombre de cas de mortalité, d'admission à l'hôpital et de bronchite chronique en regroupant les informations sur les fonctions de réaction aux concentrations, la proportion de la population exposée à des risques et l'incidence de la morbidité.

Mortalité

Les résultats concernant la mortalité en 2010 tirés de l'étude sur la charge mondiale de morbidité (CMM), fondée sur les travaux de Forouzanfar et al. (2015) et Brauer et al. (2016) pour les impacts des $PM_{2.5}$ et de Lim et al. (2012) pour les impacts de l'ozone, ont été retenus comme point de départ pour tous les pays, de même que les données sur les expositions annuelles moyennes pondérées par les effectifs de population au niveau national pour les $PM_{2.5}$, et la moyenne des concentrations maximales sur six mois (M6M) pour l'ozone. Les résultats de l'étude sur la CMM ont, en effet, été établis dans le cadre d'une analyse internationale de grande envergure ayant fait l'objet d'un examen par les pairs, et menée à un plus haut degré de désagrégation spatiale que celui qui a pu être utilisé dans le cadre de la présente étude. Étant donné que les estimations du de la CMM ne couvrent que la période actuelle et sont basées sur une analyse par cause de la mortalité, il faut se demander dans quelle mesure l'évolution de l'état de santé à l'horizon 2060 influencera les résultats. Selon une analyse des données de l'OMS associées aux données démographiques provenant de l'ONU effectuée aux fins de la présente étude, les variations observées des causes des décès dans chaque région au cours du temps ne sont pas d'une ampleur suffisante pour accroître de manière significative le degré d'incertitude de l'analyse.

Un modèle linéaire a été adopté pour l'ozone, dans le cadre duquel une modification unitaire de M6M provoque la même variation du degré de risque pour toute la gamme de concentrations générée pour l'étude au-delà des valeurs contrefactuelles adoptées par Lim et al. (2012). Les modifications des projections des taux de mortalité au cours des années futures ont également été prises en compte dans l'analyse au moyen des données des projections démographiques 2012 des Nations Unies (ONU, 2012).

Une fonction calquée sur la fonction de réponse non linéaire utilisée dans l'étude sur la CMM pour quantifier les effets des $PM_{2.5}$ a été retenue dans le présent rapport. La non-linéarité de la courbe permet de prendre en compte la diminution prévue de la réponse par unité d'exposition au fur et à mesure de l'augmentation des concentrations. Compte tenu des incertitudes caractérisant la formulation de cette fonction (peu d'informations permettent d'établir la forme de la relation à des niveaux de concentration ambiante élevés caractéristiques de pays comme la Chine et l'Inde où la majorité des impacts devrait se produire) une fonction linéaire a également été établie pour les $PM_{2.5}$ dans le cadre de la présente étude. Dans le cas des fonctions non linéaires, les estimations de la mortalité due aux $PM_{2.5}$ tirées de l'étude sur la CMM ont été analysées afin de calculer les paramètres des équations ci-après et produire des estimations d'α et de β pour chaque pays :

$$PAF_{CMM} = \begin{cases} \alpha \ \ln(concentration\ en\ \mu g/\ m^3) + \beta, & pour\ les\ concentrations > 5.8\ \mu g/m^3 \\ 0 & ,\ pour\ les\ autres\ cas \end{cases}$$

où PAF = fraction imputable à la pollution, et α et β sont des coefficients d'ajustement de la courbe aux résultats de l'étude CMM. Les impacts sur la mortalité sont donc mesurés par rapport à un niveau de pollution de référence (5.8 mg/m^3) en dessous duquel il est posé en hypothèse que les impacts de la pollution de l'air extérieur sur la santé ne provoquent pas de décès prématuré. La valeur 5.8 µg/m^3 est une concentration contrefactuelle, c'est-à-dire le « plancher » en dessous duquel aucun impact sanitaire supplémentaire n'est calculé. Il ne s'agit toutefois pas d'un plancher de risque sanitaire car, selon de nouvelles observations épidémiologiques, des concentrations plus faibles ont des répercussions préjudiciables sur la santé (voir, par exemple, Shi et al., 2016).

Le nombre de décès prématurés est ensuite calculé à partir de *PAF*, au moyen de l'équation suivante :

$$Décès = PAF_{CMM} \times TBM \times Population$$

où TBM = taux brut de mortalité. Les valeurs de TBM sont tirées des Indicateurs du développement dans le monde de la Banque mondiale (Banque mondiale, 2015) pour 2010 et des Perspectives de la population mondiale des Nations Unies (ONU, 2012) pour les années suivantes concernant les projections de fécondité moyenne. Pour l'année 2000, le nombre de décès calculés au moyen de l'équation spécifiée cadre avec le nombre de décès calculés dans l'étude CMM.

Le modèle linéaire utilisé pour quantifier les impacts des $PM_{2.5}$ sur la mortalité a été établi de la même manière que celui formulé pour l'ozone, dans ce cas encore compte tenu de l'évolution des taux de mortalité au cours des années à venir. Ces relations fournissent, conjointement, une fourchette d'impacts sur la mortalité, la fonction non linéaire produisant la projection la plus faible et la fonction linéaire la projection la plus élevée.

Morbidité

L'analyse des impacts sur la morbidité (maladies) part des conclusions de l'étude HRAPIE (*Health Response to Air Pollutants in Europe*) (OMS, 2013), qui a été utilisée aux fins de l'analyse coûts-avantages du train de mesures sur la qualité de l'air publié par la Commission européenne en décembre 2013 (Hollande, 2014 ; Commission européenne, 2013). D'autres groupes ont formulé et appliqué d'autres séries de fonctions de réponse pour la morbidité, notamment l'US-EPA (2011, pour l'analyse prospective des avantages de la loi des États-Unis sur la qualité de l'air (*Clean Air Act*) à l'horizon 2020. Les conclusions de l'étude HRAPIE ont toutefois été utilisées ici parce que cette étude, menée par l'OMS, est récente et a impliqué des spécialistes un grand nombre de pays d'Europe et d'Amérique du Nord. Les effets quantifiés au moyen des fonctions de l'étude HRAPIE se présentent comme suit :

- $PM_{2.5}$
  - Effets d'une exposition chronique (de longue durée) sur les cas de bronchite chez les adultes et chez les enfants ;
  - Effets d'une exposition aiguë (de courte durée) sur le nombre d'admissions à l'hôpital pour des maladies respiratoires et cardiovasculaires, le nombre de jours d'activité restreinte, le nombre de jours de travail perdus et le nombre de jours caractérisés par des symptômes d'asthme chez les enfants ;
- Ozone
  - Effets d'une exposition aiguë (de courte durée) sur le nombre d'admissions à l'hôpital et le nombre de jours d'activité « faiblement » restreinte.

La bronchite évolue différemment chez les adultes et chez les enfants. Chez les adultes, une fois contractée, cette maladie perdure, souvent jusqu'au décès, et elle peut être bénigne ou grave. Chez les enfants, en revanche, la maladie est de courte durée (en moyenne deux semaines). Ces différences sont prises en compte dans l'évaluation économique. Bien que les cas de bronchite soient plus nombreux chez les enfants, les cas de bronchite touchant les adultes ont de plus fortes répercussions économiques en raison de leur durée prolongée.

Pour quantifier ces effets sur la morbidité, il est nécessaire de connaître les taux d'incidence à l'échelle de la population. Si ces données sont disponibles pour un nombre grandissant de pays, elles ne le sont pas pour tous. Ce problème a été noté dans le cadre de travaux antérieurement réalisés pour l'OCDE dans le domaine des transports (OCDE, 2014), dans lesquels les coûts de la morbidité ont été fixés à une proportion fixe des coûts de mortalité (10 %) sur la base d'analyses coûts-avantages effectuées pour la Commission européenne et pour l'US-EPA. Cette démarche a l'avantage de prendre systématiquement en compte la question de la non-linéarité dans les fonctions de réponse d'une manière qui cadre parfaitement avec la démarche suivie pour la mortalité.

Il est donc nécessaire d'extrapoler les résultats pour étendre l'analyse à tous les pays. La démarche adoptée ici est généralement similaire à celle utilisée par l'OCDE (2014) bien qu'elle soit plus détaillée. Les résultats de l'analyse du train de mesures en faveur de la qualité de l'air adopté par la Commission européenne, pour laquelle les fonctions de l'étude HRAPIE ont été intégralement utilisées, ont servi de base à cette extrapolation. Il est posé en hypothèse qu'il existe une relation linéaire entre la mortalité et la morbidité. En théorie, des taux de mortalité élevés pourraient réduire les effectifs de population exposés à des risques de bronchite et d'autres maladies ; il est toutefois supposé, aux fins de la présente étude, que la mortalité liée à la pollution atmosphérique n'a pas d'impact significatif sur les effectifs de population exposés à des risques au fur et à mesure que les niveaux d'exposition augmentent. Les ratios moyens de la mortalité et de la morbidité dans 28 pays ont été calculés à partir des résultats établis par Holland (2014) pour les pays européens. Ces ratios ont été ajustés au titre des différences entre les estimations de la mortalité dans les pays européens établies par Holland (2014) et les estimations de l'étude sur la CMM.

Une seule estimation des effets sur chaque type de morbidité a été établie dans le cas de l'ozone, tandis que deux estimations, associées aux fonctions de mortalité linéaire (projection supérieure) et non linéaire (projection inférieure), ont été calculées pour les $PM_{2.5}$ pour toutes les années ultérieures à 2010. Les résultats pour 2060 sont indiqués dans le tableau C.1. Les chapitres 4 et 5 ne présentent que les résultats relatifs aux estimations hautes (qui, pour 2060, sont supérieures d'environ 50 % aux projections basses). Le choix des projections hautes de la morbidité peut être justifié par le fait qu'il n'est actuellement possible de quantifier qu'un sous-ensemble des impacts éventuels (RCP, 2016, expose la diversité des impacts qui peuvent être associés à la pollution de l'air tout au long de la vie).

Tableau C.1. **Gamme des impacts sur la santé au niveau mondial en 2060**

Millions de cas

Maladies respiratoires (nombre de cas, millions)	
Bronchite chez les enfants âgés de 6 à 12 ans	24-36
Bronchite chronique (adultes, cas)	7-10
Nombre de jours caractérisés par des symptômes d'asthme (nombre de jours, millions)	
Jours caractérisés par des symptômes d'asthme (enfants âgés de 5 à 19 ans)	230-360
Coûts de soins de santé (nombre d'admissions, millions)	
Admissions à l'hôpital	8-11
Jours d'activité restreinte (nombre de jours, millions)	
Jours de travail perdus	2 460-3 750
Jours d'activité restreinte	9 820-14 900
Jours d'activité légèrement restreinte (caractérisés par des symptômes d'asthme)	2 580

L'extrapolation au reste du monde des résultats concernant la morbidité en Europe est, à l'évidence, assujettie un certain nombre d'incertitudes, les principales étant les suivantes :

- Faute de données suffisantes, l'analyse part de l'hypothèse que les taux de prévalence de chaque maladie sont, partout dans le monde, similaires à ceux observés dans les pays européens, alors qu'il existe de fortes disparités. Elle ne prend pas en compte les variations des taux de maladies particulières de la même manière que l'analyse CMM pour la mortalité due à des causes déterminées.
- L'analyse suppose, de manière implicite, que les services de santé sont similaires dans tous les pays, alors que cela n'est manifestement pas le cas. Ainsi, elle implique, dans le cas des admissions à l'hôpital, que les taux d'admission en Europe sont représentatifs des taux enregistrés dans tous les autres pays, alors que l'accès aux systèmes de santé est extrêmement variable à l'échelle mondiale. Cela soulève des difficultés qui sont particulièrement marquées dans le cas des pays en développement, où la majorité des impacts devrait se manifester. La plupart de ces pays offrent moins de services de santé que ce n'est généralement le cas des pays européens. À l'évidence, l'absence d'installations sanitaires ne signifie pas que l'ensemble de la population est en bonne santé. Les individus contractent des maladies, qui peuvent même fortement s'aggraver en l'absence de soins de santé, de sorte que leurs effets sont encore plus dommageables. Il s'ensuit que, si cette hypothèse peut donner lieu à une surestimation des dépenses de santé, elle sous-estime les coûts en termes de bien-être.
- Un problème similaire se pose dans le cas des jours de travail perdus. Les résultats obtenus pour l'Europe sont basés sur les taux d'absentéisme dans cette région, qui se caractérise par des normes de bien-être social et des conditions d'emplois qui ne sont guère universelles. Les travailleurs qui ne bénéficient pas de telles conditions peuvent être incités à se rendre au travail alors qu'ils pourraient être considérés comme malades (« présentéisme »), avoir plus de mal à se rétablir (ou voir leur état empirer) et, par conséquent afficher une moindre productivité.

Évaluation

La méthode d'évaluation est décrite au chapitre 2, et les valeurs unitaires utilisées pour l'analyse sont indiquées dans le tableau 2.2. Ces valeurs sont ajustées au titre des conditions économiques en vigueur dans chaque pays, et de l'évolution de la situation économique des pays dans le temps.

Trois éléments sont considérés pour l'évaluation de la morbidité : le coût des soins de santé, la perte de productivité et la perte de bien-être due à la souffrance et la douleur, etc. Cette méthode pose le risque d'un double comptage de certains coûts, par exemple si les estimations du consentement à payer prennent implicitement en compte la perte de productivité et les coûts des soins de santé. Le tableau C.2 montre, toutefois, que ce double comptage éventuel a été évité pour l'essentiel en imputant une valeur limite à une composante de coûts particulière.

Tableau C.2. **Composantes de coût considérées dans l'évaluation des effets sur la santé**

	Coûts en bien-être	Coût des soins de santé	Coût de productivité
Décès	100 %	0 %	0 %
Bronchite chronique (adultes, cas)	82 %	18 %	0 %
Bronchite chez les enfants âgés de 6 à 12 ans	92 %	8 %	0 %
Équivalent d'admissions à l'hôpital	14 %	86 %	0 %
Journée d'activité restreinte (tous âges)	100 %	0 %	0 %
Jours d'activité faiblement restreinte (enfants âgés de 5 à 19 ans)	100 %	0 %	0 %
Jours de travail perdus	0 %	0 %	100 %

Trois impacts seulement (bronchite chez les adultes, bronchite chez les enfants, équivalent d'admissions à l'hôpital) sont évalués dans plus d'une des catégories considérées. Ces trois effets associent le coût en bien-être au coût des soins de santé et, dans chaque cas, l'une des catégories exerce un effet prédominant, puisque plus de 80 % de la valeur totale lui est imputable (ce qui signifie que le double comptage éventuel de ces effets est, au maximum, de l'ordre de 25 %). Les principales sources utilisées pour les données sur le bien-être sont européennes, ce qui réduit la probabilité que les personnes interrogées aient inclus les coûts de soins de santé dans leurs réponses étant donné les modèles de financement de la santé typiques des pays européens. Si l'on considère en outre (RCP, 2016) qu'un certain nombre d'impacts pas pu être pris en compte dans l'analyse, le double comptage éventuel des coûts de santé n'a pas d'effet significatif sur l'analyse.

Références

Commission européenne (2013), « The Clean Air Policy Package », *document de travail des services de la Commission, Impact Assessment,* n° SWD(2013)531, Commission européenne, Bruxelles, http://ec.europa.eu/environment/air/clean_air_policy.htm (consulté le 3 mai 2016).

Forouzanfar, M.H. et al. (2015), « Global, regional, and national comparative risk assessment of 79 behavioural, environmental and occupational, and metabolic risks or clusters of risks in 188 countries, 1990-2013: a systematic analysis for the Global Burden of Disease Study 2013 », *The Lancet*, vol. 386, n° 10010, pp. 2287-2323.

Holland, M. (2014), Cost-benefit analysis of final policy scenarios for the EU Clean Air Package: Corresponding to IIASA TSAP report no. 11, version 2a, rapport destiné à la Commission européenne, DG Environnement, mars 2014, http://ec.europa.eu/environment/air/pdf/TSAP%20CBA.pdf (consulté le 3 mai 2016).

Lim, S.S. et al. (2012), « A comparative risk assessment of burden of disease and injury attributable to 67 risk factors and risk factor clusters in 21 regions, 1990-2010: A systematic analysis for the Global Burden of Disease Study 2010 », *The Lancet,* vol. 380, pp. 2224-2260.

OCDE (2014), *Le coût de la pollution de l'air : Impacts sanitaires du transport routier,* Éditions OCDE, Paris, http://dx.doi.org/10.1787/9789264220522-fr.

ONU (Nations Unies) (2012), *World Population Prospects, the 2012 Revision*, http://esa.un.org/unpd/wpp/index.htm (consulté le 3 mai 2016).

OMS (Organisation mondiale de la santé) (2013), *Health risks of air pollution in Europe – HRAPIE project. Recommendations for concentration-response functions for cost-benefit analysis of particulate matter, ozone and nitrogen dioxide*, Organisation mondiale de la santé, Bureau régional de l'Europe, Bonn, Allemagne, www.euro.who.int/en/health-topics/environment-and-health/air-quality/publications/2013/health-risks-of-air-pollution-in-europe-hrapie-project-recommendations-for-concentrationresponse-functions-for-costbenefit-analysis-of-particulate-matter,-ozone-and-nitrogen-dioxide (consulté le 3 mai 2016).

RCP (Royal College of Physicians) (2016), *Every breath we take: the lifelong impact of air pollution.* Report of a working party of the Royal College of Physicians, Londres, www.rcplondon.ac.uk/projects/outputs/every-breath-we-take-lifelong-impact-air-pollution (consulté le 3 mai 2016).

ORGANISATION DE COOPÉRATION ET DE DÉVELOPPEMENT ÉCONOMIQUES

L'OCDE est un forum unique en son genre où les gouvernements oeuvrent ensemble pour relever les défis économiques, sociaux et environnementaux que pose la mondialisation. L'OCDE est aussi à l'avant-garde des efforts entrepris pour comprendre les évolutions du monde actuel et les préoccupations qu'elles font naître. Elle aide les gouvernements à faire face à des situations nouvelles en examinant des thèmes tels que le gouvernement d'entreprise, l'économie de l'information et les défis posés par le vieillissement de la population. L'Organisation offre aux gouvernements un cadre leur permettant de comparer leurs expériences en matière de politiques, de chercher des réponses à des problèmes communs, d'identifier les bonnes pratiques et de travailler à la coordination des politiques nationales et internationales.

Les pays membres de l'OCDE sont : l'Allemagne, l'Australie, l'Autriche, la Belgique, le Canada, le Chili, la Corée, le Danemark, l'Espagne, l'Estonie, les États-Unis, la Finlande, la France, la Grèce, la Hongrie, l'Irlande, l'Islande, Israël, l'Italie, le Japon, la Lettonie, le Luxembourg, le Mexique, la Norvège, la Nouvelle-Zélande, les Pays-Bas, la Pologne, le Portugal, la République slovaque, la République tchèque, le Royaume-Uni, la Slovénie, la Suède, la Suisse et la Turquie. La Commission européenne participe aux travaux de l'OCDE.

Les Éditions OCDE assurent une large diffusion aux travaux de l'Organisation. Ces derniers comprennent les résultats de l'activité de collecte de statistiques, les travaux de recherche menés sur des questions économiques, sociales et environnementales, ainsi que les conventions, les principes directeurs et les modèles développés par les pays membres.

ÉDITIONS OCDE, 2, rue André-Pascal, 75775 PARIS CEDEX 16
(97 2016 09 2 P) ISBN 978-92-64-26228-7 – 2016

www.ingramcontent.com/pod-product-compliance
Lightning Source LLC
LaVergne TN
LVHW080658011026
849160LV00014B/1467